4WD

LORENA PALOMBO

VEGAN IM VAN

Freiraum für Genuss & Kreativität

Der.Vegane.Van

Vegan Unterwegs

VENTIL

Lorena Palombo wurde 1996 am Starnberger See geboren. Nach ihrem berufsbegleitenden Studium zur Wirtschaftspsychologin hat sie die Entscheidung getroffen, mit ihrem Hund Gizmo im Van Europa zu bereisen. Die Leidenschaft für Fotografie, Kochen und Reisen teilt sie mit ihrer Community unter »Lorena Palombo« auf Instagram. Lorena gibt online Kochkurse, in denen die Teilnehmer:innen Einblicke in ihre Reise und das Kochen auf kleinstem Raum bekommen. Auch Lorenas Hund Gizmo wird mit selbstgekochter, pflanzlicher Kost versorgt.

Dieses Buch soll keine ärztlichen Empfehlungen ersetzen, widerrufen oder ihnen widersprechen. Die Informationen in diesem Buch sind allgemeiner Natur und werden ohne Garantie seitens des Verlags und des Autors angeboten. Diese übernehmen keine Haftung für eventuell auftretende Schäden und Fehler, die durch die Verwendung des Buches auftreten.

Edition Kochen ohne Knochen

ISBN 978-3-95575-162-3
2. Auflage Juni 2024

Fotografien: Lorena Palombo , Luna Blankenstein,
Luca Fröhlingsdorf
Layout und Satz: Iris Christmann, Christian Mentzel
Druck und Bindung: Buchdruck Zentrum

Ventil Verlag, Boppstr. 25, D-55118 Mainz
www.ventil-verlag.de

INHALT

ACEITE DE OLIVA VIRGEN EXTRA

DER VEGANE VAN – die Philosophie

Welche Dinge benötigen wir wirklich in unserem Leben, und was dürfen wir loslassen? Wo setzt Überfluss uns Grenzen?

Diese Fragen stelle ich mir nicht nur in Bezug auf meine eigenen vier Wände, sondern auch bei den Lebensmitteln, die ich täglich zu mir nehme.

Um gesunde und abwechslungsreiche Gerichte zu kreieren, schaffe ich mir durch die entschleunigte und minimalistische Lebensweise im Van einen Raum für Kreativität und Freiheit.

So gibt mir der Schritt raus aus der Komfortzone und hinein in die Freiheit jeden Tag einen anderen Koch-Flow. Minimalismus, gesunde Ernährung und persönliche Freiheit bilden für mich ein ganzheitliches Konzept.

In diesem Kochbuch möchte ich zeigen, wie besonders, lecker und einfach die vegane Küche sein kann, auch auf kleinstem Raum!

Für mich wird hier deutlich: Weniger ist mehr.

Gestalte ein gesundes und natürliches Vanlife

BOTANIC
BLOSSOM & GARDEN

DAS BIN ICH:

drei Zutaten für mein Glücksrezept – Fotografieren, Reisen und vegan Kochen

Für jeden bedeutet Glück etwas anderes. Für mich sind es die einfachen Dinge, die mir so viel geben und mich jeden Tag erfüllen. Im Alltag wie auch auf Reisen schenken mir die Fotografie sowie das vegane Kochen echte Glücksmomente.

Dies zu teilen ist mein Ziel, aber auch, andere Leute zu inspirieren und einen alternativen Lebensweg aufzuzeigen, nicht nur in der Küche.

Nach meinem Studium entschloss ich mich, aus meiner Wohnung in meinen Bus zu ziehen und mit meinem Hund Gizmo Europa zu bereisen. Vergeblich suchte ich nach einem veganen Camper-Kochbuch. Ich ergriff die Chance und rief den Veganen Van in die Welt. So habe ich es mir zur Aufgabe gemacht, einfach ein eigenes Kochbuch auf meiner Reise zu schreiben.

Wie cool – heute hast du es in der Hand!

LL RH 1492

MEINE MOTIVATION,

mit dem Van Europa unsicher zu machen

Schon als Jugendliche hat es mich recht früh von meinem Zuhause weggetrieben. Dabei wollte ich immer an anderen Orten sein. Das Einzige, was mich oft davon abgehalten hat, war die Angst vor dem Alleinsein. Auf meiner Reise habe ich gelernt, dass es wichtig ist, sich seinen Schatten zu stellen. Unsere größten Schwächen bieten häufig das größte Potenzial für persönliches Wachstum. Dafür ist es notwendig, dass wir uns mutig immer wieder den Raum zur Transformation geben. Mit dem Entschluss, mich auf diese Reise zu begeben, habe ich einige Verhaltens- und Gefühlsmuster gehen lassen. Mit wenig Gepäck reist es sich bekanntlich leichter. So ist es mir gelungen, auf meiner Reise frei und zufrieden zu sein und mich auf die verschiedenen Energien und Umgebungen einzulassen. Mittlerweile habe ich mich richtig verliebt in das Alleinsein.

Heute stehe ich hier mit einem Lächeln im Gesicht.
Ich weiß, dass sich der Weg gelohnt hat. Alles, was auf meiner persönlichen Lebensreise passiert ist, gehört zu diesem persönlichen Entwicklungsprozess und macht meine Reise zu der Reise, die mir heute innere Stärke verleiht.
Mit meinem inneren Kompass und einer Ladung Urvertrauen folge ich meiner Intuition und lasse mich von ihr leiten.
Denn wenn ich mit meinem Bulli die Straßen entlangtucker, sagt mir ein tiefsitzendes Gefühl, dass dies genau der richtige Weg für mich ist.

Da draußen ist eine Welt – und ich möchte sie entdecken

VORRATSHALTUNG im Van

Zu Beginn möchte ich dir einen Einblick in meine Vorratshaltung im Bus geben. So kannst du bei der Vorbereitung auf deine nächste Reise einfach meine Liste zum Einkaufen verwenden.

Trocken

Naturreis
Dinkelnudeln
Quinoa
Haferflocken
Kichererbsen*
Linsen rot und schwarz*
Hefeflocken
Hanfsamen
Walnüsse
Kürbiskerne
Kakao Nibs
Kokosraspeln
Backpulver
Dinkelmehl
Risottoreis
Reisnudeln
Couscous
Kaffee
Schwarze Bohnen
Feine Sojaschnetzel
Sesam
Chiasamen
Paranüsse
Mandeln
Dunkle Schokolade
Datteln
Trockenhefe

Glas / Dose / Tetrapack

Kokosmilch
Sojamilch
Gehackte Tomaten
Tomatenmark
Sojasauce
Haselnussmus
Agavendicksaft
Soja Cuisine
Hafermilch
Oliven
Eingelegte getrocknete Tomaten
Erdnussmus
Tahini

Gewürze und Kräuter

Salz
Pfeffer
geräuchertes und süßes Paprikapulver
Kurkuma
Muskat
Kreuzkümmel
Zimt
Oregano
Petersilie
Rosmarin

Öl und Essig

Olivenöl
Rapsöl
Sesamöl
Kokosöl
Leinöl
Walnussöl
Balsamico-Essig

*habe meist die vorgekochte Variante im Bus

Das Kind in dir muss Heimat finden
Der.Vegane.Van
& GARDEN
TANIC
18 13
NA ENSIFOLIA

Natürlich brauchst du nicht alles davon immer im Bus zu haben. Die Auflistung soll als Anhaltspunkt für die Vorratshaltung in deinem Camper dienen, damit du dir vielseitige vegane Gerichte zaubern kannst.

Achte darauf, möglichst wenig Verpackung zu verwenden. In vielen Läden kannst du trockene Lebensmittel direkt in deine Gläser abfüllen. Hierfür nutze ich einfach alte Gläser von Kichererbsen oder anderen Lebensmitteln. Gut gesäubert lassen sie sich prima zur Aufbewahrung von trockenen Lebensmitteln einsetzen.

Verpackungsfrei einzukaufen war auf meiner Reise bis jetzt meist kein Problem. Die Vorratsgläser direkt im Laden aufzufüllen und danach im Van zu verstauen, ohne Tonnen an Plastik zu verschwenden, fühlt sich einfach gut an.

Ja, ab und zu kaufe ich auch in Plastik verpackte Produkte. Ein bewusster Umgang ist hier super wichtig. Versuche also, soweit es geht, verpackungsfrei einzukaufen. Sei aber nicht zu streng mit dir, wenn du doch mal eine Packung Nüsse oder einen veganen Käse in Plastik kaufst. Jeder gibt sein Bestes! Das Wichtigste am Vanlife ist natürlich, unvermeidbaren Müll immer mitzunehmen und den Stellplatz am besten sauberer als zuvor zu hinterlassen.

Mein Obst und Gemüse kaufe ich möglichst regional und immer frisch.

Kräuter im Bus

Neben trockenen Gewürzen verfeinere ich gerne meine Gerichte mit frischen Kräutern. Ganz oben stehen Basilikum und Rosmarin, aber auch frischer Koriander ist seit kurzem mit on Board. Mein kleiner Kräutergarten hängt an einer Gardinenstange, die ich mit der Verkleidung verschraubt habe. Vielleicht findest du auch einen sicheren Ort für deine Kräuter. Wenn ich an einem Platz länger stehe, stelle ich meine Kräuter an die frische Luft, damit sie genügend Sonnenlicht und Wärme abbekommen. Eine weitere Möglichkeit frische Kräuter im Van zu haben, ist zum Beispiel eine Holzbox, die am Boden des Vans steht. Wenn du dann an einem Platz stehen bleibst, kannst du sie einfach raus vor den Bus stellen. Auch das Armaturenbrett bietet bei manchen Vans genug Raum für ein kleines Kräuterbeet.

Mein Beifahrer – die Gemüsebox

Frische Lebensmittel kaufe ich am liebsten auf dem Bauern- oder Wochenmarkt. Dabei fülle ich meine Kiste so bunt wie es nur geht. Regionalität und Saisonalität sind mir beim Einkauf besonders wichtig.

Es ist unglaublich, wie viel frisches Gemüse man für wenig Geld bekommt. Und nebenbei werden die Bauern direkt entlohnt.

Besser ein paar wenige qualitativ hochwertige Lebensmittel, als ein Haufen voller Discounter-Ware. Die Qualität der Lebensmittel zeigt sich natürlich am Ende im Geschmack! Wenn ich nicht gerade den Wochenmarkt unsicher mache, gehe ich gerne in Biomärkten und in kleinen lokalen Gemüseläden einkaufen.

Beim Einkaufen setze ich auf Qualität, nicht auf Quantität.

Ein richtiges Erlebnis ist es, Lebensmittel direkt von einer Farm zu beziehen und daraus etwas Frisches zu kreieren. Regionales und saisonales Obst und Gemüse schonen den Geldbeutel und du bist mit frischen Zutaten ausgestattet. Durch kurze Transportwege und die optimale Erntezeit enthalten saisonale Lebensmittel die meisten Nährstoffe.

Du schützt also unsere Umwelt und dein Körper ist mit wichtigen Nährstoffen ausgestattet.

Die App »Happy Cow« hilft mir, Biomärkte und vegane Restaurants zu finden. Eine meiner Lieblingsbeschäftigung abends im Van ist es, die Biomärkte und Restaurants der als nächstes angesteuerten Regionen auszuchecken. Da es im Ausland oft schwerer ist, bestimmte pflanzliche Zutaten oder Ersatzprodukte zu bekommen, bauen sich die Rezepte größtenteils auf natürlichen und wenig verarbeiteten Lebensmitteln auf. Achte grundsätzlich darauf, so wenig industriell verarbeitete Produkte wie möglich zu kaufen, da sie oft versteckte Zucker, künstliche Aromen und Geschmacksverstärker enthalten.

Intuitiv statt emotional einkaufen

Auf meiner Reise habe ich gelernt, intuitiv einzukaufen und mich nicht zu versteifen. Beim Einkaufen schaue ich, was mich so anlächelt, und später im Van kreiere ich daraus ein Rezept. So habe ich einen ganz anderen Blick für die Lebensmittel entwickelt und ich weiß oft gar nicht, was ich als erstes kreieren möchte.

Not macht erfinderisch und hilft uns neue Pfade zu entdecken!

Supermärkte großer Ketten stecken viel Geld in Marketing und gestalten ihre Verkaufsräume mithilfe von Psychologen. Dort werden die Kund:innen gleichzeitig auf vielen Sinnesebenen angesprochen, was ablenken kann. Um mich vor emotionalen Einkäufen zu schützen, gehe ich lieber in kleinere Läden. Dort ist die Informationsflut nicht ganz so groß und ich kann besser auf meine Intuition vertrauen.

Keine Sorge: Wenn es bestimmte Zutaten mal nicht zu kaufen gibt, sehe die Chance darin, selbst kreativ zu werden und die Rezepte nach deinen Bedürfnissen und Vorräten anzupassen.

KÜCHENAUSSTATTUNG im Van

Mein T4 California ist mit zwei Gaskochplatten und einer elektrischen Zwölf-Volt-Kühlbox ausgestattet. Zudem gehören ein Omnia-Camping-Backofen sowie einen Akku-Mixer zu meiner Ausstattung.

Außerdem habe ich mit on Board:

Kleine Pfanne	**Große Pfanne**	**Mittlerer Topf**
Messer	**Schneidebrett**	**Schäler**
Messbecher	**Schneebesen**	**Teigschaber**
Geschirr	**Besteck**	**Tasse/Glas**

Da ich manchmal auf meinem Trip auch ganze Vanlife Camps bekoche, habe ich mir einen großen Kochtopf und ein paar mehr Schüsseln besorgt.

Die Rezepte sind mit folgenden Ausstattungs-Symbolen gekennzeichnet:

OMNIA

MIXER

KÜHLBOX

So kannst du gleich checken, ob sich das Rezept auch in deinem Van Setup umsetzen lässt.

Akku-Mixer und Omnia-Backofen

Ziemlich lange habe ich mir darüber Gedanken gemacht, welche Küchenutensilien ich im Van wirklich benötige. Meine Küche ist nicht sonderlich groß, da darf natürlich nur das Wichtigste mit!

Die Anschaffung eines Akku-Mixers und des Omnia-Backofens waren dabei jeden Cent wert. Ich nutze meinen Mixer fast täglich, um mir morgens meine Smoothie Bowls zu kreieren. Ich liebe es, mit einem leichten Frühstück in den Tag zu starten. Wenn der Mixer nicht gerade für meine Smoothies im Gebrauch ist, nutze ich ihn häufig, um Brotaufstriche selbst zu machen. Diese sind gerade im Ausland kaum erhältlich oder super teuer. Auch um einen glatten Teig zum Backen zu bekommen, eignet sich der Pürierstab prima.

Ein Ofen im Van? Hört sich erstmal total kompliziert an – ist es aber überhaupt nicht. Du kannst damit einfach und ohne Elektrik auf deinem Gasherd backen. Der Omnia-Campingofen ist eine geniale Erfindung, egal ob für frisches Brot, Kuchen, Lasagne oder leckere Aufläufe. In Kombination mit der Silikonform ist der Backofen super leicht zu reinigen und man bekommt alles Gebackene leicht aus der Form, ohne dass etwas anbrennt.

Diese zwei Utensilien möchte ich auch auf kleinstem Raum nicht missen.

WIE MEINE REZEPTE entstehen

Seitdem ich in meinem Bus on Tour bin, hat sich meine Küche ziemlich verändert. In manchen Situationen hatte ich einfach nicht die typischen Zutaten zur Hand, weshalb aus ursprünglich geplanten Gerichten oft etwas komplett Neues entstanden ist.

Vor dem Kochen nehme ich gerne die Lebensmittel wahr und stelle mir die Frage, wie ich sie am besten zur Geltung bringen kann.

Auch meine Reisebegegnungen haben mich sehr inspiriert und es ist interessant zu sehen, wie andere Menschen ihre Küche gestalten. Hierbei kann man immer etwas Neues lernen und es mit in die eigene Küche integrieren.

Mein Blick auf die Vielseitigkeit natürlicher Lebensmittel hat sich hierbei verändert. Früher habe ich bei einer Packung Linsen an einen Linseneintopf gedacht. Heute entscheide ich mich zwischen einer Vielzahl von Rezeptideen wie Bratlinge, Aufstriche, Salate oder Eintöpfe. So sind meine Rezepte einfach nachzukochen und ich liebe es, ein paar ausgefallene Komponenten mit reinzunehmen, die dem Gericht das gewisse Extra verpassen. Easy und doch ausgefallen!

Ich freue mich, wenn ich auch deine Kreativität mit diesem Kochbuch anregen kann. Trau dich, alles aus den Lebensmitteln rauszuholen, die du gerade zur Verfügung hast. Bunt und Natürlich. Je weniger Zutaten ich zur Verfügung habe, desto kreativer werde ich auf meiner Reise.

Creativity comes with the Road

Es kommt nicht auf die Anzahl der Zutaten an, sondern auf die Qualität und darauf, wie wir sie einsetzen. Am liebsten lasse ich mich dabei von meiner Umgebung begeistern und koche Gerichte, die zum Ort und der Situation passen. Süßkartoffel Gulasch an einem regnerischen Tag in den Bergen, fruchtiger Raw-Berry-Kuchen nach einem Tag am Meer oder proteinreicher Linsensalat nach einer Wanderung in den Dolomiten. Ich liebe es einfach, die Fotos der Speisen dann vor Ort zu machen. Inmitten der Natur, manchmal an Plätzen, wo nur wenige Menschen überhaupt hinkommen. Dann ist es besonders schön, wenn das Gericht die Umgebung, Jahreszeit oder der Situation widerspiegelt. Im Einklang mit der Natur zu arbeiten, ist meine größte Inspiration und Stärke.

Alle Fotos, die ihr in diesem Buch findet, habe ich bei Tageslicht und mit den Requisiten geshootet, die mir in der Situation zur Verfügung standen.

Wertschätzung, Selbstliebe und Achtsamkeit

Was hat ein Kochbuch mit Wertschätzung, Selbstliebe und Achtsamkeit zu tun? Es ist so wichtig, sich die Zeit zu nehmen, ausgewogene Gerichte zu zaubern. Das hat natürlich nichts damit zu tun, ob du in deiner Wohnung bist oder in einem Van durch Europa reist. Gerade wenn man alleine auf Reisen ist, denkt man vielleicht oft »Für mich alleine brauch ich doch jetzt nichts Besonderes kochen« – doooch klar! Wieso denn nicht? Sei es dir selbst wert, dich zu bekochen, und mach das nicht von äußeren Umständen abhängig. Hör dabei ganz auf dein Bauchgefühl. Was benötigt dein Körper heute, und wie kannst du dir etwas Gutes tun? Nimm dir die Zeit, um für dich zu kochen. Und nicht vergessen: Wichtig ist nicht, wie viele Dinge du zur Verfügung hast, sondern wie du sie geschickt einsetzt und den Zutaten hilfst, sich von ihrer besten Seite zu zeigen. Dieses Kochbuch zeigt dir, wie vielseitig die pflanzliche Küche ist – auch auf kleinstem Raum! Achtsamkeit in der Küche bedeutet vor allem, den Fokus auf die Lebensmittel zu richten und den Prozess des Kochens voll und ganz wahrzunehmen. Sei präsent, kreativ und lass dich nicht ablenken. Feiere es, dass du dir die Zeit nimmst, ein tolles Essen zuzubereiten und sei dankbar für die Lebensmittel, die dir zur Verfügung stehen. Nimm die verschiedenen Geschmäcker wahr und schenke jedem Biss deine volle Aufmerksamkeit. Genieße es.

Lass dich von meinen veganen Rezepten inspirieren und komm mit auf meine minimalistisch, kulinarische Vanlife-Reise

FRÜHSTÜCK, SMOOTHIE BOWLS und Veggie Eggs

POWER KICHERERBSEN-COOKIE MIT KAKTUSFEIGE

Zutaten für 2 Portionen

250 g gekochte Kichererbsen, abgegossen und abgespült (aus dem Glas)

2 EL Erdnussbutter

2 EL Agavendicksaft

1 TL Zimt

50 g dunkle Schokolade

1 Banane

Nach Belieben
Kaktusfeige, Drachenfrucht, Beeren oder Birne

Zubereitung

Gib die gekochten Kichererbsen in ein Behältnis und mixe sie entweder kurz mit einem Pürierstab oder zerdrücke sie mit einer Gabel. Die Kichererbsen dürfen noch etwas Konsistenz haben.

Rühre die Erdnussbutter, den Agavendicksaft und etwas Zimt unter. Im nächsten Schritt hacke die Schokolade fein, viertel die Banane und gib sie mit zu den Kichererbsen.

Am Ende das Kichererbsen-Frühstück mit dem Obst deiner Wahl und Zimt genießen.

MANGO BANANA BOWL

Zutaten für 2 Bowls

1 Mango

2 Bananen

100 ml Pflanzenmilch

Topping

2 EL Kokosraspeln

2 EL Granola
(siehe Seite 45)

1 EL Chiasamen

Zubereitung

Die Mango und die Bananen Schälen. Von der Mango ein paar Streifen für das Topping zur Seite legen. Das restliche Obst mit der Pflanzenmilch zu einem Smoothie mixen und im Anschluss mit den Toppings dekorieren.

Ein Selfmade-Granola Rezept findest du auf Seite 45.

KAKAO-PANCAKES MIT PEANUT CREAM

Zutaten für 6 Pancakes

200 g Dinkelmehl

2 TL Backpulver

1 TL dunkles Kakaopulver

300 ml Pflanzenmilch

Kokosöl zum Braten

Peanutbutter Cream und Topping

200 g Sojajoghurt

2 EL Erdnussbutter

1 EL Agavendicksaft

1 TL Zimt

1 Banane

50 g dunkle Schokolade

1 Handvoll Walnüsse

Zubereitung

Zu Beginn das Mehl mit dem Backpulver und dem Kakao mischen. Dann die Milch unterrühren. Etwas Kokosöl in einer Pfanne erhitzen. Die Pancakes darin braten.

Tipp: Die Pancakes sind fertig zum Wenden, wenn sich an der Oberfläche kleine Luftbläschen bilden.

Für die Creme den Joghurt mit der Erdnussbutter, dem Agavendicksaft und Zimt mixen. Die Banane in Scheiben schneiden. Walnüsse und Schokolade hacken.

Die Pancakes mit der Erdnusscreme, der Banane, Schokolade, Zimt und den Nüssen genießen.

GREEN SMOOTHIE SEED BOWL

Zutaten für 2 Green Bowls

200 g frischer Spinat (ersatzweise Grünkohl)

1 Banane

3 cm Ingwer

Saft von ½ Zitrone

Toppings

1 Pfirsich

1 EL Hanfsamen

1 EL Chiasamen

1 EL Kokosraspeln

Zubereitung

Für den grünen Smoothie den Spinat, die Banane, den Ingwer und den Zitronensaft mixen. Mit Samen und Früchten servieren.

Grüne Smoothies sind ein wahrer Vitaminspender und geben dir reichlich Mineralstoffe, um fit zu bleiben. Den Smoothie kannst du zum Beispiel auch mit Grünkohl zubereiten.

SCRAMBLED TOFU AUF BAGUETTE

Zutaten für 2 Portionen

200 g Tofu Natur

½ Zwiebel

1 TL Kurkuma

Pflanzenöl zum Braten

3 EL Sojajoghurt

1 Tomate

3 Prisen Kala Namak (Schwefelsalz)

4 Scheiben Dinkelbrot oder 2 Semmeln

Nach Belieben

1 Frühlingszwiebel zum Anrichten

Zubereitung

Den Tofu zu Beginn mit den Händen fein zerkrümeln und zur Seite stellen. Die Zwiebel in kleine Würfel schneiden.

Den Tofu mit den Zwiebeln und Kurkuma in einer Pfanne in etwas Öl 5 Minuten scharf anbraten, dann den Sojajoghurt sowie die gewürfelten Tomaten unterheben und nochmal kurz durchziehen lassen. Mit dem Schwefelsalz abschmecken.

Den Scrambled Tofu auf die Brotscheiben oder Semmeln geben und nach Belieben mit frischen Frühlingszwiebeln anrichten.

KIWI LIME BOWL

Zutaten für 2 Portionen

2 Kiwis

2 Bananen

6 EL Sojajoghurt

Saft von 2 Limetten

Toppings

1 Kiwi

1 EL Chiasamen

2 EL Kokosraspeln

Zubereitung

Die Kiwis zusammen mit den Bananen und dem Sojajoghurt mixen. Den Saft der Limetten hinzugeben und den Smoothie in zwei Schüsseln geben.

Die Kiwi in Scheiben schneiden und mit den Samen sowie den Kokosflocken auf dem Smoothie anrichten.

Fertig ist deine frische Sommer Bowl, perfekt für heiße Tage.

PFANNENGRANOLA

Zutaten für eine Pfanne

1 Tasse Cashewkerne

3 Tassen Vollkorn-Haferflocken

4 EL Kokosöl

5 EL Agavendicksaft

2 TL Zimt

3 EL Sonnenblumenkerne

5 EL Goji-Beeren

1 Prise Salz

Abrieb von 2 Bio-Zitronen

Zubereitung

Röste zu Beginn die Cashewkerne in einer Pfanne ohne Öl an, bis sie duften.

Gib im Anschluss das Kokosöl, die Haferflocken, den Zimt, die Sonnenblumenkerne sowie die Goji-Beeren mit in die Pfanne und röste alle Zutaten um weitere 5 Minuten an.

Karamellisiere nun das Granola mit dem Agavendicksaft und lass es vollständig abkühlen. Gib dann eine Prise Salz sowie den Abrieb der Zitronen hinzu.

Das Granola lässt sich prima in einem Schraubglas aufbewahren.

CHIA-NUSS-PUDDING AUS DEM GLAS

Zutaten für 2 Gläser

6 EL Granola
(siehe Seite 45)

2 EL Pflanzenmilch

1 EL Erdnussmus

2 Bananen

1 TL Zimt

1 Handvoll Mandeln

1 Handvoll Cashews

4 EL Chiasamen

1 EL Kokosraspeln

2 EL Pflanzenmilch

4 EL Mango Sojajoghurt

Nach Belieben
Zimtstange und Kokosraspeln zum Garnieren

Zubereitung

Das Granola mit der Pflanzenmilch und dem Erdnussmus mixen. Ganz unten in die Gläser geben und etwas andrücken. Dann die Bananen klein schneiden und mit Zimt mischen. Die Nüsse klein hacken und mit den Chiasamen, den Kokosraspeln und der Pflanzenmilch mischen.

Zuerst die Bananen, dann die Nussmischung auf den Granola Boden geben. Obendrauf kommt jetzt noch der Fruchtjoghurt. Optional kannst du das Ganze mit einer Zimtstange und Kokosraspeln dekorieren.

Ready ist dein Chia-Nuss-Pudding.

DRAGON FRUIT BOWL

Zutaten für 2 Bowls

2 Drachenfrüchte

1 Grapefruit

2 Bananen

3 EL Sojajoghurt

6 EL Granola

Toppings

2 EL Kokosraspeln

1 Handvoll weiße Mandeln

2 EL Chiasamen

Zubereitung

Die Drachenfrüchte und die Grapefruit schälen und aufschneiden. Etwas Obst für das Topping zur Seite stellen. Dann die Drachenfrucht, die Grapefruit und die Bananen zusammen mit dem Sojajoghurt mixen.

Das Granola unten in die Schüssel geben und den Smoothie darauf gießen. Die Toppings und das restliche Obst auf dem Smoothie anrichten.

PEANUTBUTTER BANANA BREADS

Zutaten für 2 Portionen

4 Scheiben Vollkornbrot

2 EL Erdnussbutter

1 Bananen

2 EL Mandeln

1 TL schwarzer Sesam

1 Medjool-Dattel

Zubereitung

Dieses Rezept erfordert keine besonderen Kochkünste – und trotzdem ist es mein all-time Favorit, gerade wenn es morgens schnell gehen muss.

Schmier dir dein Brot mit Erdnussbutter und pimpe es mit einer aufgeschnittenen Banane, Mandeln, Sesam und klein geschnittener Dattel.

So easy kann jeder Tag starten!

KICHERERBSEN-OMELETT MIT TOMATEN-PILZFÜLLUNG

Zutaten für 4 mittlere Omeletts

200 g Champignons

1 Tomate

120 g Kichererbsenmehl

100 ml Hafermilch

100 ml Wasser

1 TL Kala Namak (Schwefelsalz)

½ TL Paprikapulver

1 Prise Kurkuma

Olivenöl zum Braten

Nach Belieben

Frische Kräuter zum Garnieren

Gem. Pfeffer

Zubereitung

Zuerst die Champignons in Streifen schneiden. In einer Pfanne mit etwas Olivenöl und Salz 5 Minuten andünsten. Die Tomate in Würfel schneiden.

In der Zwischenzeit den Teig anrühren. Hierfür das Mehl mit der Hafermilch, dem Wasser und der Pflanzenmilch zu einem glatten Teig verrühren. Den Teig mit Schwefelsalz, Paprikapulver und Kurkuma würzen.

Erhitze jetzt etwas Olivenöl in einer kleinen Pfanne und gib eine dünne Teigschicht hinein. Wenn sich an der Oberfläche Luftblasen bilden, kannst du das Omelett mit einem Pfannenheber umdrehen.

Fülle die Omeletts mit den gebratenen Pilzen und der Tomate. Richte alles mit frischen Kräutern und gemahlenem Pfeffer an.

Tipp: Kala Namak ist ein Salz, das nach Ei schmeckt. Wenn du den Geschmack intensivieren möchtest, gebe am Ende eine Prise über die Omeletts. Das Salz schmeckt intensiver, wenn es nicht erhitzt wurde.

FRUCHTIGE KOKOS-TOASTS

Zutaten für 2 Portionen

6 Scheiben Vollkorntoast

2 EL Kokosöl

1 Banane

100 g Erdbeeren

100 g Heidelbeeren

Nach Belieben
Agavendicksaft

Zubereitung

Halbiere zuerst die Toastscheiben. Erhitze etwas Kokosöl in einer Pfanne, um die Scheiben darin anzurösten.

Richte das Obst zusammen mit den Toastscheiben an. Süße die Toasts nach Belieben mit Agavendicksaft.

Tipp: Natürlich kannst du auch jedes andere beliebige Obst für das Rezept verwenden. Als ich auf Teneriffa war, habe ich die Kokos-Toasts sehr gern mit Papaya und Banane gegessen.

SCHOKOHÖRNCHEN AUS DEM OMNIA

Zutaten für 8 Hörnchen

1 veganer Fertigblätterteig, ca. 25 cm × 30 cm

100 g dunkle Schokolade

Zubereitung

Teile den Blätterteig in 8 Dreiecke. Hacke die Schokolade fein und fülle die Blätterteigecken damit.

Rolle den Blätterteig von der langen Seite zur Spitze auf und gib die Hörnchen in die Silikonform des Omnias.

Backe sie ca. 15 Minuten bei mittlerer Hitze.

Tipp: Sei kreativ. Fertiger Blätterteig eignet sich für unzählig viele salzige und süße Füllungen und ist ganz einfach zuzubereiten.

BERRY BOWL

Zutaten für 2 Portionen

300 g Himbeeren

2 Bananen

2 EL Chiasamen

Zubereitung

Die Beeren zusammen mit der Banane mixen. Mit den Toppings deiner Wahl genießen.

Ich habe die Bowl einfach mit Chiasamen und ein paar Beeren zubereitet.

Tipp: Für Smoothie Bowls kaufe ich gerne gefrorene Beeren, die ich entweder sofort verwende oder in meiner Kühlbox auch mal einen Tag zwischenlagere.

SHAKSHUKA MIT TOFU UND TAHINI

Zutaten für 2 Portionen

1 Paprikaschote

1 Zwiebel

Olivenöl zum Braten

1 EL geräucherte Paprika

1 EL Oregano

1 TL Kreuzkümmel

2 Dosen gehackte Tomaten

Salz und Pfeffer

Etwas Agavendicksaft

Scrambled Tofu

400 g Naturtofu

1 EL Olivenöl

1 TL Kala Namak

½ TL Kurkuma

Pfeffer

Tahini Topping

2 EL Tahini

1 EL Zitronensaft

2 EL Wasser

Nach Belieben

Petersilie

Zubereitung

Zu Beginn die Paprika und die Zwiebel in Streifen schneiden. Die Zwiebel in Olivenöl andünsten und etwas salzen. Dann die Paprika hinzugeben und das Gemüse anbraten. Mit dem geräucherten Paprikapulver, dem Oregano und dem Kreuzkümmel würzen. Dann die Tomaten hinzugeben und das Gemüse 15 Minuten einkochen lassen. Mit Salz und Pfeffer abschmecken. Ihr könnt zur Sauce etwas Agavendicksaft hinzugeben, falls die Tomaten zu sauer sind.

In der Zwischenzeit den Tofu zubereiten. Hierfür den Tofu aus dem Wasser nehmen und etwas ausdrücken. Dann den Tofu mit den Händen in kleine Stücke zerbröseln. Etwas Olivenöl in einer Pfanne erhitzen und den Tofu darin 10 Minuten anbräunen. Mit Kurkuma und Kala Namak würzen und im Anschluss mit Pfeffer abschmecken.

Die Tahini-Paste mit dem Zitronensaft und dem Wasser zu einer Creme verrühren.

Den gebratenen Tofu auf das Gemüse geben. Obendrauf kommen nun noch die Tahini-Sauce und etwas Petersilie. Dazu passt Dinkelbaguette.

QUINOA BOWLS

Zutaten für 2 Bowls

1 Tasse Quinoa

2 Tassen Wasser

1 Apfel

8 Datteln

3 EL Haselnüsse

2 EL Agavendicksaft

2 EL Erdnussbutter

1 EL Chiasamen

Etwas Zimt

Zubereitung

Die Quinoa mit zwei Tassen Wasser zum Kochen bringen. Dann zugedeckt 15 Minuten quellen lassen.

Den Apfel vierteln und in Scheiben schneiden. Die Datteln halbieren, entkernen und in kleine Stücke schneiden. Die Haselnüsse ebenfalls halbieren.

Die Quinoa auf den Teller geben und mit dem Apfel, den Datteln sowie den Haselnüssen anrichten. Mit Agavendicksaft süßen und mit Erdnussbutter anrichten. Ein paar Chiasamen und Zimt darauf streuen.

SALATE, SNACKS
und Suppen

SÜSSKARTOFFEL-BOOTE MIT GUACAMOLE

Zutaten für 2 Portionen

1 längliche gelbe Süßkartoffel

Rapsöl zum Anbraten

1 Avocado

2 Knoblauchzehen

Salz

1 Handvoll Cocktail-Tomaten

Etwas Koriander oder Basilikum

Zubereitung

Schneide die Süßkartoffel in 2 cm dicke Scheiben. Erhitze das Rapsöl in einer Pfanne und brate die Scheiben darin goldbraun an. Achte darauf, dass die Kartoffeln nicht übereinander liegen, damit sie auch knusprig werden können. Lege sie nach dem Braten auf ein Küchentuch, um das Fett abtropfen zu lassen.

Bereite in der Zwischenzeit die Avocadocreme zu. Schäle hierfür die Avocado und mixe sie zusammen mit den Knoblauchzehen und etwas Salz zu einer cremigen Guacamole.

Gib sie auf die Süßkartoffelscheiben und richte sie zusammen mit den halbierten Tomaten und den frischen Kräutern an.

EASY PEASY KICHERERBSEN-SALAT

Zutaten für 2 Portionen

2 Tomaten

200 g gekochte Kichererbsen (aus dem Glas), abgegossen und abgespült

200 g Rucola

2 EL Walnussöl

2 EL heller Balsamico

Salz und Pfeffer

1 EL Hanfsamen

3 EL schwarze, entsteinte Oliven

Zubereitung

Schneide die Tomaten in Würfel und gib sie zu den Kichererbsen und dem Rucola.

Würze den Salat mit Walnussöl, Balsamico, Salz und Pfeffer. Zusammen mit den Hanfsamen und den Oliven genießen.

BROKKOLI-AVOCADO-SALAT

Zutaten für 2 Portionen

1 Zwiebel

2 EL Olivenöl zum Braten

1 Brokkoli

2 EL Sojasauce

1 EL Agavendicksaft

2 Prisen Kurkuma

3 EL Kürbiskerne

2 Tomaten

1 Avocado

1 Orange

Salz und Pfeffer

1 Spritzer Sojasauce

2 EL Balsamico

Nach Belieben
Frischer Koriander

Zubereitung

Die Zwiebel würfeln und in einer Pfanne in Olivenöl andünsten. Den Brokkoli in Röschen teilen und mit zu den Zwiebeln geben. Die Sojasauce, den Agavendicksaft, etwas Kurkuma und die Kürbiskerne hinzugeben und alles ca. 10 Minuten scharf anbraten.

Währenddessen die Tomaten und die Avocado in Würfel schneiden. Schäle die Orange und würfle sie ebenfalls. Den Brokkoli etwas auskühlen lassen. Das geschnittene Obst und Gemüse zum Brokkoli geben. Mit Salz, Pfeffer, Sojasauce und Balsamico abschmecken.

Nach Belieben mit frischem Koriander genießen.

BELUGALINSEN-SALAT

Zutaten für 2 Personen

100 g Belugalinsen

2 Tomaten

½ Gurke

1 Apfel

1 Dose Kichererbsen

Dressing

3 EL Tomatenmark

Saft von 1 Zitrone

2 EL Olivenöl

2 EL Balsamico

1 EL Agavendicksaft

Salz und Pfeffer

Topping

2 EL Walnüsse

2 EL Hanfsamen

1 EL Kürbiskerne

Zubereitung

Die Linsen nach Packungsbeschreibung kochen. Das Gemüse und den Apfel kleinschneiden und in eine Schale geben. Die Kichererbsen abtropfen lassen und beigeben. Die gekochten Linsen untermischen.

Für das Dressing das Tomatenmark, den Saft einer Zitrone, das Olivenöl, den Balsamico sowie den Agavendicksaft mischen und mit Salz und Pfeffer ordentlich würzen. Das Dressing mit dem Salat mixen, die Walnüsse fein hacken und mit den Hanfsamen sowie den Kürbiskernen auf dem Salat servieren.

GLASNUDELSALAT

Zutaten für 2 Portionen

100 g Glasnudeln

1 Karotte

1 Paprika

3 Lauchzwiebeln

Dressing

3 cm Ingwer

3 Knoblauchzehen

4 EL Sojasauce

3 TL Agavendicksaft

3 EL Mandelmus

1 Limette

1 TL Sesamöl

2–3 Stängel frischer Koriander

Zubereitung

Die Nudeln in kochend heißem Wasser einweichen. Dann die Karotten und die Paprika in Würfel schneiden und die Lauchzwiebeln klein hacken.

Für das Dressing den Ingwer, die Knoblauchzehen, die Sojasauce, den Agavendicksaft, das Mandelmus, den Saft einer Limette sowie 1 TL Sesamöl fein mixen.

Das Wasser der Nudeln abgießen und das Dressing untermischen. Das Gemüse unter den Salat heben und mit so viel Koriander verspeisen wie es dir schmeckt.

GRÜNER SALAT MIT GERÖSTETEN CHAMPIGNONS UND SONNENBLUMENKERNEN

Zutaten für 2 Portionen

1 grüner Kopfsalat

250 g Champignons

1 Knoblauchzehe

1 EL Olivenöl

1 TL Sojasauce

Dressing

3 EL weißer Balsamico

1 EL Agavendicksaft

3 EL Walnussöl

Salz und Pfeffer

3 EL Sonnenblumenkerne

Nach Belieben

Frische Kräuter
deiner Wahl

Zubereitung

Den Salat waschen und in mundgerechte Stücke teilen. Die Champignons in Scheiben schneiden und den Knoblauch klein hacken. Champignons und Zwiebeln in Olivenöl in einer Pfanne anbraten, mit der Sojasauce ablöschen und kurz ziehen lassen.

Für das Dressing den Balsamico zusammen mit dem Agavendicksaft und dem Walnussöl anrühren.

Mit Salz und Pfeffer abschmecken. Den Salat damit würzen.

Zum Schluss die warmen Pilze und die Sonnenblumenkerne auf den Salat geben.

AVOCADO-AUSTERNPILZ-CARPACCIO AUF GEBRATENEN KOHL-SÜSSKARTOFFELN

Zutaten für 2 Portionen

1 Süßkartoffel

Olivenöl zum Braten

2 Prisen Salz

2 Handvoll Blattkohl

200 g Austernpilze

3 Knoblauchzehen

2 EL Sojasauce

1 Avocado

Etwas schwarzen Sesam

Zubereitung

Die Süßkartoffel der Länge nach halbieren und in dünne Scheiben schneiden. Mit Olivenöl in einer Pfanne 10 Minuten knusprig anbraten und etwas salzen. Den Kohl klein schneiden und ein paar Minuten mit anbraten.

Die Austernpilze in gleich große Stücke rupfen und den Knoblauch klein hacken. Die Zutaten in einer Pfanne mit Sojasauce, etwas Olivenöl und dem Knoblauch scharf anbraten.

Die angebratenen Pilze auf den Süßkartoffeln servieren. Die Avocado in Streifen schneiden und auf die Pilze geben. Mit Sesam servieren.

ROTE-BETE-SUPPE MIT KARAMELLISIERTEN ZWIEBELN

Zutaten für 2 Portionen

3 kleine Rote Bete

2 Zwiebeln

Rapsöl zum Braten

4 Knoblauchzehen

½ Apfel

½ Lauch

2 TL Muskat

2 TL Kreuzkümmel

1 Prise Salz

1 Glas Rotwein (vegan)

800 ml Wasser

2 TL Dijon-Senf

Olivenöl

Salz und Pfeffer

1 rote Zwiebel

1 EL Agavendicksaft

Olivenöl und Salz

Zubereitung

Wasche die Rote Bete und schneide sie in Würfel. Hacke die Zwiebeln fein. Brate dann das Gemüse in einem Topf 10 Minuten in Rapsöl an.

Halbiere nun die Knoblauchzehen und würfle den Apfel. Schneide den Lauch in Streifen und gib ihn mit in den Topf. Brate das Gemüse 10 Minuten scharf an. Würze das Gemüse im Anschluss mit Muskat und Kreuzkümmel und einer Prise Salz. Lasse das Gemüse zusammen mit den Gewürzen ein paar Minuten anschwitzen. Lösche es im Anschluss mit dem Rotwein ab und lasse alles kurz einkochen. Gib 400 ml Wasser und 2 Teelöffel Senf hinzu und koche das Gemüse 15 Minuten.

Schneide in der Zwischenzeit die rote Zwiebel in Ringe und brate sie mit reichlich Öl 5 Minuten scharf an. Gib dann den Agavendicksaft auf die Ringe und karamellisiere sie.

Mixe als letztes die Suppe mit dem restlichen Wasser. Schmecke sie mit Salz und Pfeffer ab und genieße sie mit den knusprigen Zwiebelringen.

RUCOLA-AVOCADO-SALAT MIT GETROCKNETEN TOMATEN, PINIENKERNEN UND WALNUSSDRESSING

Zutaten für 2 Portionen

40 g Pinienkerne

100 g Rucola

1 Avocado

100 g getrocknete Tomaten (in Olivenöl)

2 EL Walnussöl

1 TL Agavendicksaft

Salz und Pfeffer

Zubereitung

Die Pinienkerne in einer Pfanne leicht anrösten. (Vorsicht: sie brennen schnell an!)

In der Zwischenzeit den Rucola waschen und die Avocado in Streifen schneiden. Die getrockneten Tomaten aus dem Öl nehmen und klein schneiden. Den Salat mit den Pinienkernen und den Tomaten anrichten.

Mische kurz vor dem Servieren alles mit Walnussöl, Agavendicksaft sowie Salz und Pfeffer.

GERÖSTETER TOFU-BLUMENKOHL AUF ROTE-BETE-CARPACCIO

Zutaten Für 2 Portionen

2 kleine Rote Bete

1 Räuchertofu

½ Blumenkohlkopf

1 TL Kurkuma

2 Prisen Salz

Olivenöl zum Braten

3 EL vegane Mayonnaise (ersatzweise ungesüßter Sojajoghurt)

Nach Belieben
Etwas Sesam

Zubereitung

Die rohe Rote Bete quer in Scheiben schneiden und auf einem Teller anrichten. Den Tofu in Würfel schneiden und den Blumenkohl fein hacken. Beides zusammen in einer Pfanne in Olivenöl goldbraun braten. Mit Kurkuma und Salz würzen.

Die vegane Mayonnaise oder den Sojajoghurt auf die Rote-Bete-Scheiben geben und den Tofu-Blumenkohl-Mix draufgeben. Etwas Sesam drüberstreuen.

TOMATEN-MINZ-COUSCOUS MIT GEBRATENEN KICHERERBSEN

Zutaten für 2 Portionen

100 g Couscous

200 ml Wasser

½ Gurke

1 rote Paprika

100 g Cocktailtomaten

Dressing

½ Zwiebel

1 Handvoll frische Minze

4 EL Olivenöl

2 EL Tomatenmark

1 TL Agavendicksaft

3 EL Wasser

2 EL weißer Balsamico

2 EL Zitronensaft

Salz und Pfeffer

Kichererbsen-Topping

200 g Kichererbsen gekocht

1 TL Paprikapulver

Salz

Olivenöl

Zubereitung

Den Couscous mit heißem Wasser übergießen und 10–15 Minuten ziehen lassen. Gurke und Paprika fein würfeln, die Cocktailtomaten vierteln und in eine Schale geben.

Für das Dressing die Zwiebel und die Minze klein hacken. In einer kleinen Schüssel Olivenöl, Tomatenmark, Agavendicksaft, Wasser, Balsamico und Zitronensaft vermengen. Zwiebeln und Minze dazugeben. Das Dressing im Anschluss ordentlich salzen und pfeffern.

Den Couscous und das Dressing mit zum Gemüse geben, alles vermengen und durchziehen lassen.

In der Zwischenzeit die Kichererbsen abtropfen lassen und mit einem Küchentuch trocknen, damit die Gewürze haften können. Die Kichererbsen mit Salz und Paprikapulver würzen und in einer Pfanne mit Olivenöl scharf anbraten. Zum Salat geben und alles nochmal etwas durchziehen lassen.

SÜSSKARTOFFEL-ROTKOHL-SALAT MIT SESAMDRESSING

Zutaten für 2 Portionen

2 mittlere Süßkartoffeln

Olivenöl zum Braten

¼ Kopf Rotkohl

3 EL Sonnenblumenkerne

Dressing

1 EL Olivenöl

2 EL Balsamico

1 EL Tahini

2 EL Zitronensaft

Zubereitung

Die Süßkartoffeln der Länge nach vierteln und in dünne Scheiben schneiden. In einer Pfanne mit Olivenöl und etwas Salz ca. 15 Minuten anbraten.

Den Rotkohl in dünne Streifen schneiden und unter die angebratenen, ausgekühlten Süßkartoffeln heben. Die Sonnenblumenkerne im Anschluss ebenfalls beigeben.

Für das Dressing Olivenöl, Balsamico, Tahini und Zitronensaft gut mischen. Den Süßkartoffelsalat damit durchmischen.

CHAMPIGNON-WALNUSS-TASCHEN

Zutaten für 2 Portionen

250 g Champignons

1 EL Kokosöl

2 EL Sojasauce

4 EL Walnüsse

100 ml Hafermilch

2 Knoblauchzehen

Salz

1 veganer Blätterteig

Zubereitung

Schneide die Champignons in Scheiben und brate sie im Kokosöl für 10 Minuten an. Lösche sie mit der Sojasauce ab und lass die Pilze damit etwas durchziehen. Die Pilze vollständig auskühlen lassen.

Mixe die Walnüsse mit der Hafermilch und dem Knoblauch und schmecke die Paste mit etwas Salz ab.

Rolle den Blätterteig aus und bestreiche ihn mit der Walnusscreme. Gib dann die gebratenen Champignons auf die Creme. Rolle den Blätterteig der Länge nach ein und lege ihn in die Silikonform des Omnias.

Backe den Blätterteig für 20 Minuten darin.

GEBACKENER BLUMENKOHL IN SESAMPANADE

Zutaten für 2 Portionen

1 Blumenkohl

70 g Dinkelmehl

100 ml Wasser

2 Prisen Salz

1 Tasse Sesam

Etwas Salz und

Olivenöl zum Braten

Für den Dip

3 EL Tahini

1 TL Agavendicksaft

1 EL Olivenöl

3 EL Wasser

Zubereitung

Löse die Blumenkohlröschen vom Strunk.

Mische das Mehl mit dem Wasser und gib Salz hinzu. Paniere den Blumenkohl, indem du ihn erst in die Mehlmischung tauchst und dann im Sesam wälzt.

Erhitze etwas Olivenöl in einer Pfanne und brate darin den panierten Blumenkohl an.

Mische alle Zutaten für den Dip zu einer cremigen Masse.

PIZZA, PASTA und Aufläufe

MARONEN-SPAGHETTI MIT GETROCKNETEN TOMATEN

Zutaten für 2 Portionen

3 Handvoll Maronen

200 g Nudeln

2 Knoblauchzehen

100 g getrocknete, eingelegte Tomaten

1 EL Oregano

2 Prisen Salz

1 Prise Chilipulver

2 TL Tomatenmark

70 ml Sojasahne

Frisches Basilikum

Zubereitung

Zu Beginn die Schale der Maronen einritzen und eine halbe Stunde im Wasser einweichen. Dann 15 Minuten in einer Pfanne rösten. Die Maronen schälen und in kleine Stücke schneiden. Optional bereits gekochte Maronen verwenden.

Die Nudeln nach Packungsaufschrift kochen.

In der Zwischenzeit den Knoblauch kleinschneiden und in 2 EL Öl der eingelegten Tomaten anbraten. Die Maronen und die getrockneten Tomaten sowie weitere 2 EL Öl hinzugeben. Die Pasta unterheben und mit Oregano, Salz und Chilipulver abschmecken. Das Tomatenmark sowie die Sojasahne mit zu den Nudeln geben.

Mit frischem Basilikum servieren.

CLASSIC VEGAN BOLOGNESE

Zutaten für 2 Portionen

70 g feine Sojaschnetzel

140 ml Gemüsebrühe

1 EL Sojasauce

1 TL Paprikapulver

1 TL getrockneter Oregano

1 Zwiebel

Olivenöl zum Braten

2 Knoblauchzehen

2 EL Tomatenmark

400 g gehackte Tomaten

200 g Nudeln

Salz und Pfeffer

1 TL Agavendicksaft

4 EL Hefeflocken

Nach Belieben
Frischer Rosmarin

Zubereitung

Die Sojaschnetzel mit heißer Gemüsebrühe übergießen und 5 Minuten einweichen lassen. Mit Sojasauce, dem Paprikapulver und Oregano würzen.

Die Zwiebel fein hacken und in etwas Olivenöl andünsten. Die Sojaschnetzel zu den Zwiebeln geben und zusammen anbraten. Den Knoblauch fein hacken und mit in die Pfanne geben. Alles zusammen ein paar Minuten braten.

Nun das Tomatenmark und die gehackten Tomaten hinzugeben und für 10 Minuten köcheln lassen. Optional kannst du einen frischen Rosmarinzweig in der Bolognese mitkochen.

In der Zwischenzeit die Nudeln kochen.

Die Sauce mit Salz, Pfeffer und Agavendicksaft abschmecken. Mit Hefeflocken und Oregano servieren.

KÜRBISRISOTTO MIT KARAMELLISIERTEM ROSENKOHL

Zutaten für 2 Portionen

1 kleiner Hokkaido-Kürbis

5 cm Ingwer

2 Zwiebeln

Rapsöl zum Braten

2 TL Kurkuma

2 TL Salz

3 Knoblauchzehen

1 Tasse Risottoreis

2 Tassen Wasser

3 EL Hefeflocken

Rosenkohl-Topping

200 g Rosenkohl

Rapsöl zum Braten

1 TL Agavendicksaft

1 EL Sojasauce

Salz

Nach Belieben

Hefeflocken und fermentierter Tofu

Tipp: Das Püree kann prima vorbereitet werden, dann ist der Risotto super schnell zubereitet.

Zubereitung

Zuerst den Kürbis halbieren, die Kerne entfernen und in Stücke schneiden. Ingwer und eine Zwiebel klein hacken und in Öl in einem Topf andünsten. Dann den Kürbis mit anbraten. Mit Kurkuma und Salz würzen. Im nächsten Schritt so viel Wasser zum Kürbis geben, dass er bedeckt ist. 15 Minuten kochen lassen und im Anschluss pürieren.

In der Zwischenzeit die zweite Zwiebel sowie den Knoblauch fein hacken und in einer Pfanne mit Öl anschwitzen.

Den Risottoreis hinzugeben und kurz mit andünsten. Dann mit Wasser ablöschen. Immer wieder etwas Wasser hinzugeben und den Risotto rühren, damit er schön cremig wird (ca. doppelte Menge an Wasser wie Reis).

Den Rosenkohl putzen, den Strunk abtrennen und die Röschen halbieren. Eine Pfanne mit Öl erhitzen und den Rosenkohl mit Sojasauce und Agavendicksaft karamellisieren, am Ende salzen.

Nach 20 Minuten das Kürbispüree unter den Reis rühren und durchziehen lassen, bis der Reis fertig gegart ist (cremig mit etwas Biss).

Mit Salz und Hefeflocken abschmecken. Den Kürbisrisotto mit dem Rosenkohl und optional klein geschnittenem Tofu servieren.

LASAGNE AUS DEM OMNIA

Zutaten für 2 Portionen

250 g Sojaschnetzel
150 g Lasagneplatten
4 EL Tomatenmark
1 EL Oregano
1 TL Rosmarin
1 Zwiebel
1 Dose Tomaten gehackt
100 ml Wasser
1 Spritzer Agavendicksaft
Paprikapulver
Salz und Pfeffer

Bechamel

3 EL Margarine
3 EL Mehl
250 ml Sojamilch
Salz, Pfeffer
1 EL Hefeflocken
1 Prise Muskat
100 g veganer Käse

Zubereitung

Zu Beginn die Sojaschnetzel in Gemüsebrühe einweichen. Verwende soviel Flüssigkeit, dass die Schnetzel mit Brühe bedeckt sind. Lasse sie 10 Minuten einweichen und würze sie dann mit 2 EL Tomatenmark, Oregano und Rosmarin.

Hacke die Zwiebel klein und dünste sie in Olivenöl an. Gib dann die Sojaschnetzel hinzu und brate sie mit an. Nun kommt die Dose Tomaten, weitere 2 EL Tomatenmark und 100 ml Wasser hinzu. Alles einkochen lassen und in der Zeit die Béchamel zubereiten. Mit einem Spritzer Agavendicksaft, Salz, Pfeffer und Oregano abschmecken.

Für die Bechamelsauce die Margarine in einem kleinen Topf schmelzen. 3 EL Mehl unter ständigem Rühren vermengen (Margarine darf nicht zu heiß sein, da sich sonst Klumpen bilden), die Sojamilch einrühren und im Anschluss kurz aufkochen lassen. Mit Salz, Pfeffer, den Hefeflocken und einer Prise Muskat würzen.

Die Bolognese, die Lasagneplatten und die Bechamelsauce abwechselnd in den Omnia schichten (ca. 3 Lagen). Mit einer Lage Bolognese beginnen. Mit etwas Bolognese, der Bechamelsauce und veganem Käse abschließen. Für 45 Minuten bei kleiner Flamme auf dem Gasherd backen.

VAN-PIZZA AUS DEM OMNIA

Zutaten für 4 Omnia-Pizzen

½ Würfel frische Hefe

1 Prise Zucker

300 g feines Dinkelmehl (ersatzweise Weizenmehl)

300 ml Wasser

Belag

1 Dose gehackte Tomaten

Salz, Pfeffer und Oregano

1 Zwiebel

4 EL schwarze, entkernte Oliven

Etwas veganes Pesto

100 g Rucola

Tipp: Du kannst statt der frischen Hefe auch trockene Hefe verwenden. Einfach genauso im Wasser auflösen.

Zubereitung

Die Hefe zerbröseln und mit einer Prise Zucker in etwas Wasser auflösen. Dann nach und nach das Mehl und Wasser hinzugeben. Alles zu einem glatten Teig durchkneten – er sollte nicht mehr an den Händen kleben. Je feiner der Mahlgrad des Mehls, desto weniger Wasser benötigst du. Ist der Teig zu trocken, gib einfach noch etwas Wasser hinzu und etwas mehr Mehl, falls er zu feucht ist.

Den Teig mit einem feuchten Tuch abdecken und an einem warmen Ort 2–3 Stunden gehen lassen. Im Anschluss den Teig nochmals gut durchkneten, etwas Salz und Pfeffer hinzugeben und in 4 Kugeln teilen. Aus den Kugeln eine längliche Rolle formen und im Anschluss in den Boden der Omnia-Silikonform drücken. Die gehackten Tomaten mit Salz, Pfeffer und Oregano abschmecken. Die Zwiebel in Scheiben schneiden.

Die Pizza mit 1 EL Tomatensauce, den Zwiebeln und Oliven belegen. Im Anschluss 15–20 Minuten bei voller Hitze im Omnia backen. Prima zur veganen Pizza passt selbst gemachtes Pesto oder Knoblauchöl – dafür einfach Knoblauch fein hacken und mit etwas Salz in Olivenöl geben. Pesto-Rezept findest du auf Seite 179.

Die Pizza mit frischem Rucola genießen.

SCHWARZER RISOTTO MIT KNUSPRIGEN AUSTERNPILZEN

Zutaten für 2 Portionen

½ Zwiebel

2 Knoblauchzehen

Olivenöl zum Braten

200 g schwarzer Reis

400 ml Gemüsebrühe

200 ml Sojasahne

Olivenöl

300 g Austernpilze

1 Knoblauchzehe

1 EL Sojasauce

Oregano und Petersilie

1 TL Paprikapulver

1 TL Ras el Hanut

1 TL Sesam

Nach Belieben
Limette zum Servieren

Zubereitung

Zuerst die Zwiebel und den Knoblauch fein schneiden und mit Öl in einer Pfanne anbraten. Dann den Reis hinzugeben und kurz mit anschwitzen. Den Reis mit etwas Brühe ablöschen. Für 20 Minuten köcheln lassen, immer wieder etwas Brühe hinzugeben und diese unter regelmäßigem Rühren einkochen lassen. Nun die Sojasahne zu dem Risotto geben und 10 Minuten weiterköcheln lassen. In der Zwischenzeit die Pilze in einer separaten Pfanne anbraten. Reiße hierfür die Austernpilze mit deinen Händen in Stücke. Brate sie dann mit dem kleingehackten Knoblauch, der Sojasauce und den getrockneten Kräutern in Olivenöl scharf in einer Pfanne an.

Am Ende der Garzeit ist der schwarze Reis in der Mitte noch etwas bissfest, die Flüssigkeit sollte nun vom Reis aber aufgesaugt sein. Den Risotto mit etwas Paprikapulver und Ras el Hanut abschmecken.

Am Ende den cremigen Risotto mit den Austernpilzen, Sesam und einer Limette servieren.

RAHMNUDELN MIT CHAMPIGNONS UND FRISCHEN TOMATEN

Zutaten für 2 Personen

250 g Champignons

1 Zwiebel

200 ml Sojasahne

2 EL Tomatenmark

200 g Nudeln

3 Tomaten

2 EL Oregano

2 TL Paprikapulver

Nach Belieben
Hefeflocken und frisches Basilikum zum Garnieren

Zubereitung

Die Champignons in Scheiben schneiden und in Olivenöl anbraten.

In der Zwischenzeit die Zwiebel halbieren, in Streifen schneiden und mit den Champignons in die Pfanne geben. 10 Minuten anrösten und mit der Sojasahne ablöschen. Das Tomatenmark unterrühren.

In der Zwischenzeit die Nudeln kochen und die Tomaten würfeln. Die Sauce etwas einkochen lassen und mit den Gewürzen abschmecken. Am Ende die Tomaten und Nudeln unter die Sauce heben und kurz durchziehen lassen.

Mit Hefeflocken und Basilikum servieren.

NUDELSALAT MIT ROTEM PESTO UND RUCOLA

Zutaten für 2 Portionen

Rotes Pesto

1 Glas eingelegte getrocknete Tomaten

3 EL Sonnenblumenkerne

3 EL Walnüsse

2 EL Hefeflocken

1 Handvoll Rucola oder Basilikum

Für den Salat

200 g Nudeln

3 Tomaten

100 g Rucola

2 EL Olivenöl

Salz, Pfeffer

Zubereitung

Zu Beginn das Pesto vorbereiten. Dafür die eingelegten Tomaten mit den Sonnenblumenkernen und den Walnüssen mixen. Für das Pesto das Öl verwenden, in dem die Tomaten eingelegt sind (ca. 3 EL). Füge dann die Hefeflocken und den Rucola hinzu und mixe das Pesto gut durch.

Koche die Nudeln und würfle in der Zwischenzeit die Tomaten. Wasche den Rucola. Mische am Ende die gekochten Nudeln mit reichlich Pesto, den Tomaten und dem Rucola. Mit Balsamico, Salz und Pfeffer abschmecken.

SPINAT-CASHEW-PESTO-PASTA

Zutaten für 2 Portionen

200 g Spinat

½ Tasse Cashewkerne

5 EL Olivenöl

3 Knoblauchzehen

Salz und Pfeffer

200 g Spaghetti

1 Handvoll Cashews

Zubereitung

Mixe die Hälfte des Spinats zusammen mit der ½ Tasse Cashews, dem Olivenöl und den Knoblauchzehen mit einem Zauberstab zu einem Pesto. Schmecke das Pesto mit Salz und Pfeffer ab.

Koche in der Zwischenzeit die Spaghetti.

Röste die Handvoll Cashews in einer Pfanne an, bis sie duften und gib danach den übrigen Spinat mit hinzu. Dünste beides für ein paar Minuten an.

Mische das Pesto zusammen mit den Cashews und dem Spinat unter die Nudeln.

KARTOFFEL-BROKKOLI-AUFLAUF

Zutaten für 2 Portionen

5 Kartoffeln

100 ml Wasser

Olivenöl zum Braten

3 Knoblauchzehen

1 Brokkoli

1 EL Agavendicksaft

2 TL Kurkuma

1 TL Muskat

200 ml Pflanzensahne

1 EL Senf

Salz und Pfeffer

Nach Belieben

Veganer Käse oder Hefeflocken

Zubereitung

Wasche die Kartoffeln und schneide sie in dünne Scheiben. Lege sie in den Omnia und gib 100 ml Wasser dazu. Gare die Kartoffeln auf mittlerer Hitze für 15 Minuten.

Bereite in der Zwischenzeit die Brokkolicreme vor. Schneide hierfür zuerst die Knoblauchzehen in dünne Scheiben und brate sie in Olivenöl etwas an. Löse den Brokkoli vom Strunk und hacke beides fein. Brate die Brokkolistückchen mit dem Knoblauch in der Pfanne an. Gib den Agavendicksaft hinzu und karamellisiere die beiden Zutaten für ein paar Minuten. Würze das Gemüse mit Kurkuma und Muskat und gib die Pflanzensahne ebenso wie den Senf hinzu. Lass die Soße etwas einkochen und schmecke sie mit Salz und Pfeffer ab.

Gieße die Sauce auf die Kartoffeln. Gib je nach Konsistenz der Sauce nochmals etwas Wasser mit zu den Kartoffeln und streue veganen Käse oder Hefeflocken darüber.

Backe den Auflauf für 40 Minuten im Omnia.

LINSENPASTA

Zutaten für 2 Portionen

200 g Linsennudeln

1 Paprika

4 Knoblauchzehen

3 EL Walnüsse

Olivenöl zum Braten

1 Zweig Oregano

1 Zweig Rosmarin

1 Prise Chilipulver

Salz

100 g Rucola

Zubereitung

Koche die Linsennudeln bissfest nach Packungsaufschrift.

Schneide die Paprika in dünne Streifen, den Knoblauch in feine Scheiben und halbiere die Walnüsse. Erhitze Olivenöl in einer Pfanne und brate darin die Paprika zusammen mit dem Knoblauch und den Walnüssen scharf an.

Hacke die Kräuter fein und gib sie mit in die Pfanne. Würze das Gemüse mit etwas Salz und Chili. Gib nun die Nudeln unter das gebratene Gemüse und hebe zum Schluss den frischen Rucola unter.

Schmecke die Pasta mit Salz und Chilipulver ab.

SPARGEL-PASTA IN KOKOS-ZITRONEN-SAUCE

Zutaten für 2 Portionen

400 g grünen Spargel

Olivenöl zum Braten

1 Zwiebel

3 Knoblauchzehen

250 g Penne

400 ml Gemüsebrühe

400 ml Kokosnussmilch

Saft einer Zitrone

Salz und Pfeffer

Hefeflocken und Chiliflocken

Zubereitung

Den Spargel in Stücke teilen, in einem Topf in Olivenöl goldbraun anbraten und salzen.

In der Zwischenzeit die Zwiebel und den Knoblauch fein hacken. Den gebratenen Spargel in einer Schale auf die Seite stellen.

Die Zwiebel 5 Minuten im Topf mit Olivenöl dünsten. Den Knoblauch hinzugeben und weitere 3 Minuten mitdünsten. Dann die ungekochten Nudeln mit in den Topf geben, die Kokosmilch sowie Gemüsebrühe hinzugeben und die Nudeln darin 15–20 Minuten bissfest kochen.

Am Ende der Garzeit den Spargel sowie den Zitronensaft unterheben und das Gericht mit Salz und Pfeffer abschmecken. Mit Hefeflocken und Chiliflocken anrichten.

QUINOA,
CURRIES
und Co.

ROTE-BETE-QUINOA UND CREMIGER BROKKOLI

Zutaten für 2 Portionen

1 Rote Bete

½ Zwiebel

3 cm Ingwer

Olivenöl zum Braten

½ Tasse Quinoa

1 Tasse Wasser

½ Brokkoli

½ Zwiebel

½ TL Kurkuma

2 Prisen Muskat

2 Prisen Salz

100 g veganer Feta

Zimt

Nach Belieben
Sojajoghurt, Koriander und schwarzer Sesam

Zubereitung

Zu Beginn die Rote Bete sowie die Zwiebel in kleine Würfel schneiden. Den Ingwer fein hacken. Zwiebel und Ingwer in einer Pfanne in etwas Öl anschwitzen. Die Rote Bete mit hinzugeben und zusammen mit dem Ingwer und der Zwiebel anbraten.

Wenn das Gemüse etwas Farbe bekommen hat, die Quinoa hinzugeben. Kurz mit anschwitzen und mit Wasser ablöschen. 10 Minuten ohne Topfdeckel bei mittlerer Hitze garen, dann mit geschlossenem Deckel ziehen lassen.

In der Zwischenzeit den Brokkoli und die Zwiebel ganz fein schneiden und mit Olivenöl in einer Pfanne scharf anbraten. Mit Kurkuma, Muskat und Salz würzen.

Den veganen Feta in Würfel schneiden und mit zum Brokkoli geben. Alles 5 Minuten anschwitzen, damit der Feta schmilzt. Die Rote-Bete-Quinoa mit Zimt, Muskat und Salz abschmecken.

Am Ende nach Belieben mit etwas Sojajoghurt, Koriander und schwarzem Sesam servieren.

MISO-ERDNUSS-RAMEN

Zutaten für 2 Portionen

2 Karotten

1 Brokkoli

4 Knoblauchzehen

1 Räuchertofu

1 EL Kokosöl

1 EL Sojasauce

1 TL Agavendicksaft

400 ml Kokosmilch

400 ml Wasser

1 TL Kurkuma

3 EL Sojasauce

2 EL Erdnussbutter

1 EL Agavendicksaft

Saft einer Zitrone

125 g Mie-Nudeln (ohne Ei)

Nach Belieben

Etwas Sesam
und Koriander

Zubereitung

Die Karotten der Länge nach in Streifen schneiden und den Brokkoli in Röschen teilen. Die Knoblauchzehen fein hacken.

Den Tofu in kleine Würfel schneiden und das Gemüse zusammen mit dem Tofu und dem Kokosöl in eine Pfanne geben. 10 Minuten scharf anbraten und am Ende den Agavendicksaft und die Sojasauce mit hinzugeben.

In der Zwischenzeit die Kokosmilch und das Wasser in einem Topf erhitzen. Rühre das Kurkumapulver, die Sojasauce, die Erdnussbutter, den Agavendicksaft und den Zitronensaft in die Kokosmilch.

Koche die Zutaten kurz auf und gebe im Anschluss die Mie-Nudeln dazu. Lass sie 5 Minuten in der Kokosmilch weich werden und durchziehen. Serviere die Ramen-Nudeln zusammen mit dem gebratenen Gemüse.

Dazu passt Sesam und frischer Koriander.

GRÜNE QUINOA MIT GEBRATENEM CASHEW-KOHL

Zutaten für 2 Portionen

½ Tasse Quinoa

1 Tasse Wasser

Pesto

200 g Blattspinat

1 EL Tahini

1 EL Kokosöl

2 cm Ingwer

2 EL Sesam

1 EL Sojasauce

Cashew-Topping

200 g Blattkohl

Kokosöl zum Braten

1 EL Sojasauce

1 Handvoll Cashews

2 EL Sesam

Zubereitung

Die Quinoa 5 Minuten im Wasser aufkochen, danach 10–15 Minuten bei geschlossenem Deckel ziehen lassen.

Alle Zutaten für das Pesto mit etwas Wasser fein mixen.

Den Blattkohl klein schneiden und im Kokosöl zusammen mit der Sojasauce scharf und knusprig anbraten. Die Cashewkerne und den Sesam dazugeben und kurz mit anschwitzen, sodass sie etwas Farbe bekommen. Das Pesto unter die Quinoa rühren und mit dem knusprigem Kohl-Cashew-Sesam-Topping genießen.

KICHERERBSEN-SÜSSKAROFFEL-CURRY

Zutaten für 2 Portionen

1 Zwiebel

3 Knoblauchzehen

1 Süßkartoffel

1 TL Kurkuma

2 Prisen Salz

200 g Kichererbsen

1 Dose Kokosmilch

1 EL Currypulver

1 TL Masala

1 EL Zitronensaft

Salz und Pfeffer

Nach Belieben
Sesam, Kräuter
und Mandeln

Zubereitung

Die Zwiebel und den Knoblauch klein schneiden und in etwas Öl anbraten. Die Süßkartoffel würfeln und hinzugeben. Mit Kurkuma und Salz würzen. Die Kichererbsen mit in die Pfanne geben und mit der Kokosmilch ablöschen.

Das Curry ordentlich mit Kurkuma, Currypulver und Masala würzen. Hier kannst du etwas experimentieren. Super passt zum Beispiel auch Ras el Hanut, Zimt oder etwas Kreuzkümmel, je nachdem in welche Geschmacksrichtung du gehen willst.

Das Curry ca. 10 Minuten kochen lassen, bis die Süßkartoffelwürfel weich sind. Mit Zitronensaft, Salz und Pfeffer abschmecken. Mit Sesam, Kräutern oder Mandeln servieren.

Reisnudeln mit Bohnen und Tempeh

Zutaten für 2 Portionen

250 g Tempeh

½ TL Salz

1 TL Curry

1 TL geräuchertes Paprikapulver

1 EL Sesamöl

150 g Reisnudeln

300 g Bohnen (Zuckerschoten)

3 Knoblauchzehen

Kokosöl zum Braten

1 TL Sojasauce

Soße

2 EL Erdnussmus

2 EL Mandelmus

2 EL Agavendicksaft

2 EL Sesamöl

3 EL Sojasauce

Saft einer Limette

Topping

Sesam und Erdnüsse

Zubereitung

Den Tempeh in Streifen schneiden und in Salz, Curry, Paprika und Sesamöl einlegen. Die Nudeln nach Packungsbeschreibung in heißem Wasser einweichen. In der Zwischenzeit die Bohnen klein schneiden und mit gehacktem Knoblauch in Kokosöl anbraten. Mit der Sojasauce ablöschen.

Den eingelegten Tempeh in einer separaten Pfanne knusprig anbraten.

Im nächsten Schritt die Zutaten für die Sauce gut vermischen oder mit einem Stabmixer pürieren. Die Soße und die Bohnen zu den abgegossenen Nudeln geben und 5 Minuten in der Pfanne ziehen lassen. Etwas Wasser hinzugeben, falls es zu trocken wird.

Am Ende mit dem gebratenem Tempeh, Sesam und Erdnüssen servieren.

LINSEN-PAPAYA-CURRY

Zutaten für 2 Portionen

½ Hokkaido Kürbis

½ Papaya

2 Knoblauchzehen

3 cm Ingwer

1 TL Kokosöl

½ Tasse rote Linsen

2 TL Kurkuma

1 Prise Zimt

1 Prise Kreuzkümmel

1 TL Sojasauce

1 TL Limettensaft

Nach Belieben
Frühlingszwiebeln und schwarzer Sesam

Zubereitung

Schneide den Kürbis und die Papaya in mundgerechte Würfel. Hacke den Knoblauch sowie den Ingwer klein. Gib das Kokosöl in die Pfanne und dünste den Knoblauch zusammen mit dem Ingwer einige Minuten an. Gib dann den Kürbis hinzu und lass das ganze 10 Minuten garen.

Koche in einem separaten Topf die roten Linsen nach Packungsaufschrift. Gib alle Gewürze außer der Sojasauce zum Kürbis. Schwitze alles zusammen an. Mische die Papaya sowie die gekochten Linsen unter den Kürbis und lasse alles 5 Minuten durchziehen.

Schmecke das Curry mit der Sojasauce und dem Limettensaft ab. Genieße das Curry mit frischen Frühlingszwiebeln und Sesam.

Tipp: Du kannst auch anderes Obst verwenden z. B. Ananas oder Mango

GREEN SURF NOODLES

Zutaten für 2 Portionen

1 Fenchelknolle

1 Bund Grünkohl (ca. 400 g)

1 Schalotte

1 EL Sesam Öl

2 EL Sojasauce

300 ml Gemüsebrühe

100 g schwarze Reisnudeln

½ Zitrone

Nach Belieben
Schwarzer Sesam

Zubereitung

Den Kohl sowie den Fenchel in feine Streifen schneiden. Die Schalotte klein hacken. Anschließend alles in eine Pfanne geben und in Sesamöl anbraten.
2 EL Sojasauce hinzugeben und weiter braten. Etwas Gemüsebrühe vorbereiten und das Gemüse mit einem Schuss davon ablöschen. Kurz einreduzieren lassen.

Das Gemüse zum Rand der Pfanne schieben, um die Reisnudeln direkt in der Pfanne zu garen. Die Hälfte der Brühe in die Mitte gießen und die Reisnudeln darin einweichen. Ein paar Minuten bei kleiner Flamme durchziehen lassen und nochmals etwas Brühe von oben auf die Nudeln gießen. Wiederhole den Vorgang bis die Nudeln die gewünschte Konsistenz erreicht haben und sich mit dem Gemüse vermengen lassen.

Den Saft einer halben Zitrone dazugeben. Die Nudeln mit Sojasauce abschmecken und mit Sesam servieren.

KAROTTEN-BOHNEN-CURRY

Zutaten für 2 Portionen

3 Knoblauchzehen

3–5 cm Ingwer

300 g grüne Bohnen

3 Karotten

Kokosöl zum Braten

2 TL Kurkuma

2 TL Sojasauce

2 TL Kreuzkümmel

1 Tasse Quinoa

2 Tassen Wasser

1 Dose Kokosmilch

1 Banane

Zubereitung

Zu Beginn den Knoblauch und den Ingwer klein hacken. Im Anschluss die Bohnen in grobe Stücke und die Karotten in Streifen schneiden. Etwas Kokosöl in der Pfanne erhitzen und das Gemüse darin 10 Minuten anbräunen. Die Sojasauce und die Gewürze mit in die Pfanne geben und anschwitzen.

In der Zwischenzeit die Quinoa im Wasser 5 Minuten aufkochen lassen, dann mit geschlossenem Deckel 10–15 Minuten ziehen lassen.

Die Kokosmilch mit in die Pfanne geben. Das Curry 5 Minuten köcheln lassen, dann die Banane mit einer Gabel zerdrücken und unter das Curry rühren.

Das Curry zusammen mit der Quinoa genießen.

VAN BOWLS
und bunte Leckereien

MARINIERTER TEMPEH AUF KNUSPRIGEN BRATKARTOFFELN

Zutaten für 2 Portionen

3–4 Kartoffeln

½ Aubergine

200 g eingelegter Tempeh oder Räuchertofu

1 Zwiebel

Olivenöl zum Braten

1 TL geräuchertes Paprikapulver

Salz und Pfeffer

1 Handvoll Rucola

Zubereitung

Koche zu Beginn die Kartoffeln 15 Minuten in Salzwasser vor. Würfel die Aubergine und brate sie mit reichlich Olivenöl in einer Pfanne an. Schneide den Tempeh in Streifen, hacke die Zwiebel und bräune die Zutaten mit der Aubergine an.

Gib dann die vorgekochten, in Scheiben geschnittenen Kartoffeln dazu und brate sie mit den Gewürzen und dem Öl in der Pfanne scharf an.

Am Ende den Rucola unterheben.

Tipp: Die Kartoffeln nicht zu oft wenden, sonst zerbrechen sie und werden nicht knusprig.

SMOKY SÜSSKARTOFFEL-PAPRIKA-GULASCH

Zutaten für 2 Portionen

1 Zwiebel

Olivenöl zum Braten

1 Süßkartoffel

2 TL geräuchertes Paprikapulver

2 EL Tomatenmark

1 rote Paprikaschote

1 Dose gehackte Tomaten

2 EL Dijon-Senf

1 Dose Kidney Bohnen

Salz und Pfeffer

Zubereitung

Zu Beginn die Zwiebel klein hacken. Das Olivenöl in einem Topf erhitzen und die Zwiebel darin mit etwas Salz glasig andünsten.

Die Süßkartoffel in mundgerechte Würfel schneiden und mit der Zwiebel etwas anbraten. Mit 1 TL Paprikapulver und 2 EL Tomatenmark würzen und 10 Minuten im Topf mit anbraten.

In der Zwischenzeit die Paprikaschote auch in mundgerechte Stücke schneiden und mit zu den Süßkartoffeln geben. Das Gemüse 5 Minuten andünsten. Die Tomaten, den Senf und die Bohnen in den Topf hinzugeben. Den Eintopf 20 Minuten einkochen lassen, bis die Süßkartoffelwürfel gar sind. Je nachdem welche Süßkartoffelsorte du verwendest, variiert die Garzeit etwas.

Am Ende das Süßkartoffel-Paprika-Gulasch mit Salz, Pfeffer und geräuchertem Paprikapulver abschmecken.

GREEN BLACK RICE BOWL

Zutaten für 2 Portionen

1 Tasse schwarzer Reis

2 Tassen Wasser

2 Prisen Salz

1 Gurke

1 Bund grüner Spargel

1 TL Kokosöl

1 TL Agavendicksaft

1 grüner Kopfsalat

1 Dose gekochte schwarze Bohnen

Für den Dip

5 cm Ingwer

1 Limette

4 Knoblauchzehen

3 EL Sojasauce

1 EL Kokosöl

1 EL Agavendicksaft

5 EL Wasser

Zubereitung

Den schwarzen Reis in zwei Tassen Wasser 15 Minuten kochen. Etwas salzen.

In der Zwischenzeit die Gurke in Würfel schneiden und unter den ausgekühlten Reis geben. Den Spargel in Stücke schneiden und im Kokosöl 5 Minuten scharf anbraten. Den Agavendicksaft darüber träufeln und in der Pfanne schwenken.

Den grünen Salat in kleine Stücke schneiden.

Für den Dip entweder alle Zutaten mit einem Zauberstab mixen oder den Ingwer fein hacken und mit den restlichen Zutaten verrühren.

Den Salat, den Reis, die Bohnen und den Spargel auf einem Teller anrichten. Den Dip dazu genießen.

BROKKOLI-BLÄTTERTEIGTASCHEN

Zutaten für 2 Portionen

1 Zwiebel

2 Knoblauchzehen

1 Brokkoli

100 ml Gemüsebrühe

1 Reissahne

Salz und Pfeffer

1 Prise Muskat

½ TL Currypulver

230 g veganer Feta

1 Blätterteig

Nach Belieben

Cashews, veganer Feta, Hanfsamen

Zubereitung

Die Zwiebel und den Knoblauch fein hacken und in etwas Olivenöl andünsten. Dann den Brokkoli klein hacken, sodass später keine ganzen Röschen mehr in der Füllung sind. Den Brokkoli mit in die Pfanne geben. Das Gemüse ein paar Minuten scharf anbraten. Im Anschluss mit der Gemüsebrühe ablöschen und ein paar Minuten einreduzieren lassen. Gib nun die Reissahne, Salz, Pfeffer, eine Prise Muskat und etwas Curry hinzu. Lasse die Sauce 10 Minuten köcheln.

Nun den veganen Feta in Würfel schneiden und mit in die Sauce geben. Ein paar Würfel zum Anrichten aufheben. Die Sauce ein paar Minuten durchziehen lassen und mit den Gewürzen abschmecken.

Halbiere den Blätterteig längs, damit du zwei dünne Streifen hast. Gib dann die Füllung ca. zwei Fingerbreit in die Mitte. Schließe den Blätterteig, indem du ihn der Länge nach einrollst und die mit etwas Wasser befeuchtet Enden zusammendrückst. Gib ihn in die Silikonform des Omnias. Backe den gefüllten Blätterteig ca. 20 Minuten auf mittlerer Hitze.

Schneide ihn dann in Stücke. Richte den Blätterteig mit dem veganen Käse, Cashews und ein paar Hanfsamen an.

INGWER-CURRY-LINSEN MIT GEDÜNSTETEM BROKKOLI

Zutaten für 2 Portionen

1 Brokkoli

1 Zwiebel

3–4 cm Ingwer

½ TL Kurkuma

1 Tasse rote Linsen

Etwas Zitronensaft

Salz und Pfeffer

Pflanzenöl zum Braten

Nach Belieben

Kichererbsen

Zubereitung

Teile den Brokkoli in Röschen. Koche sie kurz in einem Topf mit Wasser auf und lasse sie darin 10 Minuten garen.

In der Zwischenzeit die Zwiebel und den Ingwer klein schneiden und in Öl anschwitzen. Mit einer Prise Salz und Kurkuma würzen. Die Linsen hinzugeben und kurz mit anschwitzen. Mit Wasser ablöschen und immer wieder etwas Wasser hinzugeben bis die Linsen gekocht sind (ca. 10 Minuten). So verwässern die Linsen nicht.

Mit Zitronensaft, Salz und Pfeffer abschmecken.
Den Brokkoli und die Linsen mit ein paar Kichererbsen anrichten.

VEGANE SCHNITZEL MIT TAHINI-ZITRONEN-DIP

Zutaten für 2 Portionen

8 große Soja-Steaks

1 EL Sojasauce

1 EL Olivenöl

1 EL Senf

2 TL Paprikapulver

4 EL Mehl

8 EL Wasser

½ Tasse Paniermehl

Salz

Margarine oder Pflanzenöl zum Braten

Für den Dip

2 EL Tahini

Saft von ½ Zitrone

1 TL Walnussöl

Zubereitung

Die Soja-Steaks 10 Minuten in heißem Wasser einweichen. Danach gut ausdrücken und im Anschluss mit Sojasauce, Olivenöl, Senf und dem Paprikapulver marinieren. Die Gewürze mit den Händen einmassieren.

Das Mehl mit dem Wasser und zwei Prisen Salz mischen. Eine zweite Schüssel mit Paniermehl bereitstellen. Die Schnitzel panieren, indem du sie zuerst in der Mehlmischung und dann in den Semmelbröseln wendest.

In reichlich Margarine oder Sonnenblumenöl von beiden Seiten goldbraun ausbraten.

Für den Dip das Tahini mit dem Zitronensaft und dem Walnussöl mischen.

Zusammen mit den knusprigen Schnitzeln genießen.

Tipp: Prima zu den veganen Schnitzeln passt der Kichererbsen-Salat von Seite 69. Wenn es etwas deftiger sein soll, gerne auch der Kartoffel-Brokkoli-Auflauf von Seite 115

WÜRZIGER FENCHEL-ROSENKOHL UND CREMIGER BOHNEN-BLUMENKOHL MIT FRÜHLINGSZWIEBEL-DIP

Zutaten für 2 Portionen

½ Blumenkohl

200 g Kidneybohnen (aus der Dose)

2 Prisen Salz

1 TL Paprikapulver

2 EL Balsamico

1 EL Tomatenmark

200 g Rosenkohl

1 Fenchelknolle

2 EL Sojasauce

1 EL Agavendicksaft

Dip

3 Frühlingszwiebeln

100 g Sojajoghurt

2 EL Olivenöl

Salz

Nach Belieben

Schwarzer Sesam und Limette

Zubereitung

Den Blumenkohl klein hacken und in etwas Olivenöl anbraten. Dann die gekochten Bohnen hinzugeben und mit Salz und Paprika würzen. Die Zutaten 10 Minuten zusammen mit einem Schuss Balsamico und dem Tomatenmark einkochen lassen.

In der Zwischenzeit den Rosenkohl halbieren und den Strunk entfernen. Den Fenchel in feine Stücke schneiden und zusammen mit dem Rosenkohl in der Sojasauce und dem Agavendicksaft scharf anbraten.

Für den Dip die Frühlingszwiebeln in Ringe schneiden und mit dem Joghurt und dem Olivenöl verrühren. Mit Salz abschmecken und in eine kleine Schale geben.

Beide Gerichte in einer Bowl anrichten und optional mit schwarzem Sesam und einer Limettenscheibe anrichten.

OFENGEMÜSE AUS DEM OMNIA

Zutaten für 2 Portionen

1 Zucchini

1 Aubergine

1 Paprika

2 Schalotten

3 EL Olivenöl

2 Zweige frischer Rosmarin

1 TL Paprikapulver

80 g getrocknete Tomaten in Öl

Salz und Pfeffer

1 EL Sesam

1 EL Kürbiskerne

Zubereitung

Das Gemüse in mundgerechte Stücke schneiden und die Schalotten halbieren. Alles zusammen mit dem Öl, den frischen Rosmarinzweigen und Paprikapulver in den Omnia geben und 40 Minuten bei mittlerer Hitze garen lassen. Ab und zu wenden.

Nach 30 Minuten die Tomaten zum Gemüse geben und mit Salz und Pfeffer abschmecken.

Zum Schluss mit Sesam und den Kürbiskernen servieren.

SÜSSKARTOFFEL-TALER AUF PAPRIKAGEMÜSE

Zutaten für 6–7 Bratlinge

1 Süßkartoffel

3 EL Walnüsse

3 Knoblauchzehen

2 EL Olivenöl

2 TL Senf

3 EL Haferflocken

3 EL Mehl

1 TL geräucherte Paprika

Salz und Pfeffer

Paprikagemüse

1 Paprika

½ Stange Lauch

Pflanzenöl zum Braten

2 EL Oregano

1 Dose gehackte Tomaten

Salz und Pfeffer

Zubereitung

Zu Beginn die Süßkartoffel in Würfel schneiden und 15 Minuten in ausreichend Wasser weichkochen. Dann zusammen mit den Walnüssen, den geschälten Knoblauchzehen, dem Öl und dem Senf zu einer Paste mixen. Die Haferflocken sowie das Mehl unterrühren. Paprikapulver beigeben und die Masse mit Salz und Pfeffer abschmecken. Im Anschluss 10 Minuten ziehen lassen.

In der Zwischenzeit die Paprika halbieren, entkernen und in längliche Streifen, den Lauch in feine Ringe schneiden. Gemeinsam in einer Pfanne mit Öl anbraten. Etwas Oregano und Salz hinzugeben und solange braten, bis alles leicht gebräunt ist. Dann die Tomaten hinzugeben und das Gemüse 10 Minuten einkochen lassen. Mit Oregano und Salz abschmecken.

Während das Gemüse gart, aus dem Süßkartoffelteig Taler formen. Am einfachsten geht das mit leicht feuchten Händen. Im Anschluss die Taler in einer Pfanne mit Olivenöl goldbraun ausbraten. Die Bratlinge auf dem Gemüse servieren.

BUNTE VAN BOWL

Zutaten für 2 Bowls

2 Süßkartoffeln

1 Brokkoli

1 Avocado

2 Knoblauchzehen

Saft ½ Limette

Rapsöl zum Braten

1 EL Sojasauce

1 Rote Bete

100 g gekochte Kichererbsen (Glas)

1 EL Paprikapulver

Salz und Pfeffer

Dressing

1 EL Tahinipaste

1 EL Olivenöl

1 EL Limettensaft

½ TL Muskat

½ TL Kreuzkümmel

Zubereitung

Schneide die Süßkartoffeln in dünne Scheiben und teile die Brokkoliröschen vom Strunk. Löse das Fruchtfleisch der Avocado vom Kern und mixe es zusammen mit den Knoblauchzehen, dem Saft der Limette und etwas Salz und Pfeffer zu einem cremigen Dip. Bereite zwei Pfannen mit etwas Rapsöl vor. Brate in der einen die Süßkartoffeln, in der anderen den Brokkoli an.

Brate die Süßkartoffeln ca. 10–15 Minuten goldbraun an. Würze sie mit Salz und Paprikapulver. Brate den Brokkoli ca. 10 Minuten mit der Sojasauce scharf an.

Reibe für den Salat die Rote Bete fein und gib sie zu den Kichererbsen.

Mixe für das Dressing alle Zutaten zu einer cremigen Konsistenz und würze damit den Salat. Richte alle Leckereien in einem tiefen Teller an.

Tipp: Wenn du die Kartoffeln besonders knusprig haben möchtest, gib Scheibe für Scheibe aneinander in die Pfanne und Stapel die Kartoffeln nicht. Das Brutzeln dauert dann etwas länger, die Kartoffeln sind dann aber umso knuspriger.

AUFSTRICHE, Pesto und Brot

ROTE-BETE-HUMUS

Zutaten für 2 Portionen

1 Rote Bete

200 g gekochte Kichererbsen

Saft einer Limette

2 Knoblauchzehen

Etwas Wasser

2 TL Kreuzkümmel

Salz und Pfeffer

Zubereitung

Die Rote Bete würfeln und mit den Kichererbsen, dem Limettensaft und den Knoblauchzehen mixen. Je nachdem wie cremig du den Humus haben möchtest, einfach Wasser hinzugeben.

Den Humus mit Kreuzkümmel würzen. Mit Salz und Pfeffer abschmecken.

MARONENAUFSTRICH

Zutaten für 2 Portionen

1 Handvoll Maronen (ca. 200 g)

200 g gekochte Kichererbsen

1 Zwiebel

3 Knoblauchzehen

1 Chili (½ grün, ½ rot)

2 cm Ingwer

3 EL Olivenöl

2 TL Paprikapulver

Salz und Pfeffer

1 Handvoll Walnüsse

Zubereitung

Schneide zuerst die Schale der Kastanien etwas ein und lege sie für ca. eine halbe Stunde in Wasser. Röste sie dann in einer Pfanne und schäle sie, nachdem sie etwas abgekühlt sind. Gib die Maronen mit den Kichererbsen in ein Behältnis zum Mixen und püriere alles zu einer Creme.

Hacke im nächsten Schritt die Zwiebel, den Knoblauch, den Ingwer und die Chili klein und gib Öl und Paprikapulver hinzu. Rühre die Mischung unter den Rest.

Zum Schluss ein paar Walnüsse hacken und unterheben. Mit Salz und Pfeffer abschmecken. Dazu passt selbstgebackenes Brot oder Gemüse-Sticks.

VOLLKORNBROT AUS DEM OMNIA MIT NATURHUMUS

Zutaten für 1 Brot

1 Würfel frische Hefe

1 Glas lauwarmes Wasser

1 EL Öl

1 TL Salz

500 g Mehl

3 EL Chiasamen

3 EL Sesam

2 EL Kürbiskerne

Für den Humus

1 Glas Kichererbsen
Saft einer Zitrone

3 Knoblauchzehen

1 EL Tahini

Salz und Pfeffer

Nach Belieben

Sesam und Paprikapulver

Zubereitung

Die Hefe zerbröseln und in etwas lauwarmem Wasser auflösen. Das Öl und 1 TL Salz hinzugeben. Abwechselnd Mehl und Wasser hinzugeben und gut durchkneten. Den Vorgang solange wiederholen bis das Mehl verarbeitet ist. Wenn der Teig nicht mehr an den Händen klebt, ist er fertig. Am Ende ein paar Sesamkerne und Chiasamen einkneten. Den Teig 2 Stunden in der Sonne mit einem feuchten Tuch abgedeckt gehen lassen (noch besser über Nacht). Ab und zu durchkneten.

Aus dem Teig einen länglichen Laib rollen und in die Silikonform des Omnias geben. Den Brotteig etwas einschneiden und ein paar Kürbiskerne auf den Teig drücken. Im Omnia eine Stunde auf kleinster Flamme backen, dann zugedeckt auskühlen lassen.

Für den Humus alle Zutaten mixen. Je nachdem wie du die Konsistenz des Humus magst, kannst du etwas Wasser hinzugeben.

Am Ende den Hummus mit Sesam, Paprikapulver und dem frisch gebackenen Brot servieren.

BLACK-BEAN-AUFSTRICH

Zutaten

1 Tasse Bohnen

2 Tassen Wasser

3 EL Olivenöl

1 TL Salz

1 Zwiebel

3 Knoblauchzehen

Saft von 1 Limette

2 EL Senf

1 Spritzer Sojasauce

1 TL Paprikapulver

3 EL Cashews

Nach Belieben
Frischer Koriander

Zubereitung

Die Bohnen in der doppelten Menge Wasser 20 Minuten kochen.

Das Olivenöl, Salz, eine geschälte, aufgeschnittene Zwiebel und den Knoblauch hinzugeben und mit einem Zauberstab mixen.

Im nächsten Schritt den Saft der Limette, den Senf, die Sojasauce und das Paprikapulver beigeben. Alles durchmischen. Die Cashews hacken und unterheben.

Tipp: frischer Koriander passt perfekt zum Aufstrich.

TOMATEN-SÜSSKARTOFFEL-AUFSTRICH

Zutaten

1 Süßkartoffel

100 g eingelegte getrocknete Tomaten

3 Knoblauchzehen

2 Handvoll Nüsse (Walnuss, Sonnenblumenkerne, Paranüsse)

3 EL Öl (von den eingelegten Tomaten)

1 TL Agavendicksaft

Salz und Pfeffer

Zubereitung

Zu Beginn die Süßkartoffel in Würfel schneiden und 10 Minuten in etwas Wasser weichkochen.

Dann zusammen mit den getrockneten Tomaten, dem Knoblauch und den Nüssen mixen. Das Öl, den Agavendicksaft sowie Salz und Pfeffer unterrühren.

Fertig ist dein super leckerer und vollwertiger Brotaufstrich!

CASHEW-FRISCHKÄSE-AUFSTRICH

Zutaten

150 g Cashews

2 Knoblauchzehen

100 ml Pflanzenmilch

1 EL Zitronensaft

Salz und Pfeffer

Zubereitung

Die Cashews über Nacht in Wasser einweichen.

Den Knoblauch schälen und mit den abgegossenen Cashews und der Pflanzenmilch zu einer Creme pürieren. Den Zitronensaft unterrühren. Mit Salz und Pfeffer abschmecken.

DATTEL-HASELNUSS-AUFSTRICH

Zutaten

10 Datteln

3 EL Haselnussmus

3 TL dunkler Kakao

Zubereitung

Die Datteln 2 Stunden in Wasser einweichen.

Im Anschluss abgießen und zusammen mit dem Haselnussmus und dem dunklen Kakao im Mixer zu einer feinen Paste pürieren. Als Aufstrich genießen.

DINKEL-KAROTTEN-BROT

Zutaten für 1 Brot

500 g Dinkelmehl

1 Packung Trockenhefe

2 TL Salz

400 ml Wasser

1 große Karotte

3 EL Walnüsse

3 EL Sesam

Zubereitung

Das Dinkelmehl, die Trockenhefe und das Salz mischen. Das Wasser hinzugeben und den Teig mit einem Kochlöffelstiel vermengen. Dann ein paar Minuten mit den Händen durchkneten. Den Teig mit einem feuchten Tuch abdecken und 3 Stunden an einem warmen Ort gehen lassen, ab und zu durchkneten.

Die Karotten fein raspeln und die Walnüsse etwas zerkleinern, dann zusammen mit dem Sesam unter den Teig kneten. Den Brotteig weitere 15 Minuten gehen lassen. Etwas Mehl auf ein Brett geben und den Teig länglich rollen. Den Teig in die Silikonform des Omnias geben, ein paar Sonnenblumenkerne darauf verteilen und 1 Stunde bei mittlerer Flamme backen.

ROTES PESTO AUS GETROCKNETEN TOMATEN

Zutaten

50 g Pinienkerne

1 Glas eingelegte getrocknete Tomaten

4 EL Olivenöl (von den eingelegten Tomaten)

50 g Sonnenblumenkerne

2 EL Hefeflocken

Nach Belieben

Basilikum, Minze oder Rucola

Zubereitung

Die Pinienkerne in einer Pfanne leicht anrösten. Die restlichen Zutaten mit einem Mixer pürieren. Verwende einfach die getrockneten Tomaten und das Öl, in dem sie eingelegt sind. Die Pinienkerne hinzugeben sowie nach Belieben 1 Handvoll frische Kräuter wie zum Beispiel Basilikum. Nochmal durchmixen. Abgedeckt mit Öl hält das Pesto ewig.

OLIVENPASTE MIT AVOCADO

Zutaten

150 g entkernte, schwarze Oliven (Dose)

30 g Kapern

1 Avocado

2 Dinkelbrötchen

Schwarzer Sesam

Zubereitung

Mixe die Oliven zusammen mit den Kapern zu einer Paste.

Schäle die Avocado und löse sie vom Kern. Schneide die Avocado in Streifen und belege mit der Paste und den Avocadostreifen die aufgeschnittenen Dinkelbrötchen. Sesam drüberstreuen.

CURRY-HUMUS UND CASHEW-TAHINI-DIP MIT GEMÜSE-STICKS

Zutaten

1 Karotte

1 Gurke

1 Rote Paprika

etwas Brot oder Baguette

Curry-Humus

1 Glas Kichererbsen

2 Knoblauchzehen

1 EL Olivenöl

1 TL Kurkuma

1 TL Kreuzkümmel

2 EL etwas Zitronensaft

Salz und Pfeffer

Cashew-Tahini-Dip

2 EL Tahini

3 EL Cashews

1 EL Olivenöl

1 TL Sojasauce

100 ml Wasser

Salz und Pfeffer

Zubereitung

Schneide das Gemüse in Streifen und das Baguette in Scheiben.

Mixe die Zutaten für den Humus und würze ihn mit Kurkuma, Kreuzkümmel und etwas Zitronensaft. Je nachdem wie du die Konsistenz des Humus möchtest, gib Wasser hinzu damit er cremiger wird.

Genauso wie für den Humus, mixe einfach die Zutaten für den Tahini-Dip zusammen mit den Cashews. Würze den Dip mit Sojasauce, Salz und Pfeffer.

Genieße die beiden Dips mit den Gemüsesticks und dem Baguette.

KUCHEN,
Kleinigkeiten
und Süßes

SALTY COCONUT PEANUT BALLS

Zutaten

1 Tasse Erdnüsse

1 Prise Salz

100 ml Wasser

3 EL Agavendicksaft

3 EL Kokosraspeln

3 EL gepuffter Reis

Kokosraspeln zum Wälzen

Salz

Zubereitung

Die Erdnüsse mit einer Prise Salz in einer Pfanne rösten. Im Anschluss die Nüsse etwas auskühlen lassen und zusammen mit dem Wasser und dem Agavendicksaft fein mixen.

Die Kokosraspeln und den gepufften Reis unterheben und die Masse nochmal etwas salzen.

Mit den Händen zu Kugeln formen und in den Kokosraspeln wälzen.

THE EASIEST AND BEST VANLIFE CAKE

Zutaten für eine Lunchbox

1 Handvoll Mandeln

3 EL Haferpops

3 EL Granola

3 EL Erdnussmus

2 EL Agavendicksaft

Lunchbox ca. 13 × 18 cm

On Top

50 g dunkle Schokolade

2 EL Pflanzenmilch

1 EL Kakaopulver

2 EL Agavendicksaft

Zubereitung

Hacke zu Beginn die Mandeln mit einem Messer fein.

Mixe dann alle trockenen Zutaten und gib das Nussmus sowie den Agavendicksaft hinzu. Schnapp dir deine Lunchbox und drücke das ganze fest am Boden an.

Schmelze die Schokolade in einem kleinen Topf und rühre die Pflanzenmilch, das Kakaopulver sowie den Agavendicksaft unter. Gib die Schokolade auf den Nuss-Granola-Mix und kühle es über Nacht. Wenn du keine Kühlbox hast, kannst du die Schokolade auch so aushärten lassen.

Schneide dann einfach Riegel oder Kuchenstücke daraus.

ZITRONENKUCHEN

Zutaten

300 g Weizenmehl

1 Packung Backpulver

200 g Puderzucker

250 ml Pflanzenmilch

100 ml Sonnenblumenöl

2 Zitronen

Glasur

150 g Puderzucker

Saft einer halben Zitrone

Nach Belieben

Zitronenscheiben zum Dekorieren

Zubereitung

Das Mehl, das Backpulver sowie den Puderzucker mischen. Dann die Pflanzenmilch und das Öl unterrühren. Die Schale der Zitronen abreiben und mit dem Saft unterrühren. In die Silikonform des Omnia geben und 40 Minuten bei mittlerer Hitze backen.

Den Kuchen auskühlen lassen.

Die Zutaten für die Glasur mischen und im Anschluss den Kuchen damit glasieren.

Nach Belieben mit geschnittenen Zitronenscheiben dekorieren.

SCHOKOLADEN-BANANENBROT AUS DEM OMNIA

Zutaten

4 reife Bananen

150 ml Pflanzenmilch

70 ml Kokosöl

1 EL Zimt

5 EL Mehl

2 TL Backpulver

150 g dunkle Schokolade

On top

1 Banane

1 EL Kokosflocken

1 EL gehackte Walnüsse

1 TL Zimt

Zubereitung

Mixe vier Bananen mit der Pflanzenmilch, dem Sonnenblumenöl und dem Zimt zu einem Teig.

Rühre das Mehl sowie das Backpulver unter. Hacke dann die Schokolade und hebe sie unter die Masse. Fülle den Teig in die Omnia-Silikonform und gib die Banane längs halbiert sowie die Toppings deiner Wahl auf den Teig. Backe das Bananenbrot für ½ Stunde bei mittlerer Flamme im Omnia.

Das Bananenbrot schmeckt super wenn es noch lauwarm ist.

Tipp: Wenn du keinen Stabmixer hast, kannst du die Bananen auch ganz einfach mit einer Gabel zerdrücken.

MACH DAS BESTE DRAUS – OBSTSALAT

Zutaten

1 Apfel

1 Pfirsich

1 Handvoll Mandeln

1 Handvoll Cashews

2 EL Kakao Nibs

3 Stück dunkle Schokolade

2 EL Mandelmus

Zubereitung

Schneide das Obst in Scheiben. Hacke dann die Nüsse sowie die Schokolade fein und streue diese mit den Kakao Nibs über das Obst. Mandelmus über das Obst träufeln.

ENERGY BALLS

Zutaten

15 Datteln

3 TL dunkler Kakao

Etwas Kakao und Krokant zum Wenden

Zubereitung

Die Datteln zusammen mit dem Kakao zu einer Paste mixen.

Daraus mit feuchten Händen Kugeln formen und sie anschließend in Kakao oder Krokant wenden.

Am besten kühl lagern und genießen.

CHOCOLATE BROWNIES AUS DEM OMNIA

Zutaten

200 g Mehl

1 TL Backpulver

2 EL Kakaopulver

250 g dunkle Schokolade (85 Prozent Kakaoanteil)

100 g Kokosöl

3–4 EL Agavendicksaft

100 ml Pflanzenmilch

2 EL Erdnussmus

Toppings

2 EL Mandelmus

2 EL Kakao Nibs

1 EL Kokosraspeln

Zubereitung

Das Mehl mit dem Backpulver und dem Kakao mischen.

Die Schokolade mit dem Kokosöl und dem Agavendicksaft in einem Topf schmelzen und im Anschluss die Pflanzenmilch unterrühren. Langsam das Mehl mit einem Schneebesen unter die Schokoladenmasse rühren. Den Teig in die Omnia-Silikonform geben und etwas Erdnussmus darauf verteilen. Ca. 40 Minuten bei mittlerer Flamme backen.

Am besten über Nacht auskühlen lassen und dann mit den Toppings verzieren.

APFELKUCHEN AUS DEM OMNIA

Zutaten

250 g Mehl

2 TL Backpulver

100 g Margarine

1 Tasse Pflanzenmilch

1 Packung Vanille-Puddingpulver

4 EL Agavendicksaft

2 EL Zimt

Apfelfüllung

3 Äpfel

1 TL Zimt

2 EL geschmolzene Margarine

1 Schuss Pflanzenmilch

3 EL Haferflocken

2 EL Mandeln

1 TL Zimt

Zubereitung

Das Mehl und das Backpulver verrühren.

Die Margarine in einem kleinen Topf schmelzen. In einer Schüssel die Margarine, die Pflanzenmilch, das Puddingpulver, den Agavendicksaft und den Zimt vermengen.

Im nächsten Schritt das Mehl mit einem Schneebesen unterrühren. Den Teig in die Omnia-Silikonform geben.

Die Äpfel schälen, in Würfel schneiden und mit dem Zimt, der Margarine, den Haferflocken und der Pflanzenmilch mischen. Die Apfelmischung auf den Teig geben und im Omnia 50 Minuten auf mittlerer Hitze backen.

Abkühlen lassen und mit Mandeln und Zimt garnieren.

GEFÜLLTE DATTELN UMMANTELT MIT DUNKLER SCHOKOLADE

Zutaten für 4 Datteln

4 Medjool-Datteln

3 TL Erdnussmus

4 Mandeln

20 g dunkle Schokolade

Zubereitung

Die Datteln der Länge nach einschneiden und mit Erdnussmus und einer Mandel füllen.

Im Anschluss die dunkle Schokolade in einem Topf schmelzen und die Dattel darin eintauchen. Gieße die restliche geschmolzene Schokolade über die Dattel.

Lass die Datteln auf einem Teller oder in einer Lunchbox auskühlen.

CHEESECAKE MIT STREUSELN

Zutaten

300 g feines Dinkelmehl

100 ml Sonnenblumenöl

100 g Zucker

1 TL Zimt

Die Füllung

2 Packungen Puddingpulver

100 ml Pflanzenmilch

70 g Zucker

50 ml Sonnenblumenöl

Saft einer Zitrone

500 g Vanille-Sojajoghurt

Zubereitung

Das Mehl zusammen mit dem Öl, dem Zucker sowie Zimt zu einem Teig kneten. Eine Handvoll des Teigs für Streusel aufheben und den Rest in den Boden der Silikonform des Omnias drücken.

Das Puddingpulver mit einem Schneebesen unter die Pflanzenmilch rühren. Den Zucker sowie das Sonnenblumenöl, den Zitronensaft und den Joghurt ebenso unter die Masse heben.

Die Cheesecake-Füllung auf den Boden gießen und die restlichen Streusel obendrauf geben. Im Omnia bei mittlerer Hitze 45 Minuten backen.

Danach vollständig (am besten in einer Kühlbox) auskühlen lassen.

SCHOKOMOUSSE AUF KICHERERBSENBASIS

Zutaten

100 g Aquafaba von 250 g Kichererbsen

50 g dunkle geschmolzene Schokolade

4 Datteln

3 EL Kichererbsen

1 Banane

Nach Belieben
Zimt

Zubereitung

Zu Beginn das Aquafaba mit einem Stabmixer schaumig rühren.

Ein Stück Schokolade für das Topping fein hacken, den Rest in einem kleinen Topf schmelzen.

Die Datteln, die Schokolade sowie die Kichererbsen zum Aquafaba geben und mit dem Mixer zu einem Mousse verarbeiten. Wenn das Mousse zu dickflüssig ist, etwas Wasser hinzugeben.

Das Schoko Mousse in Gläser füllen und mit der Schokolade und den Bananen anrichten. Mit etwas Zimt genießen.

XXL-APFELTASCHE AUS DEM OMNIA

Zutaten

3 Äpfel

150 ml Wasser

150 ml Pflanzenmilch

1 EL Zimt

1 EL Agavendicksaft

Veganer Blätterteig

Zubereitung

Die Äpfel entkernen, in kleine Würfel schneiden und in einem Topf für 20 Minuten mit Wasser und Milch kochen. Zimt und Agavendicksaft nach Geschmack hinzufügen und eindicken lassen.

Den Blätterteig etwas in die Länge ziehen, damit er später eingerollt in den Omnia passt. Der Länge nach mit der Apfelmasse füllen und einrollen. In die Silikonform des Omnias geben und für 30 Minuten auf mittlerer Hitze backen.

Warm genießen.

RAW BERRY CAKE

Zutaten

Boden

125 g gemahlene Mandeln

7 Datteln

1 TL Agavendicksaft

1 TL Kokosöl

70 g Kokosraspeln

Beerencreme

400 g gemischte, gefrorene Beeren

200 g Cashews

5 Datteln

Toppings

2 EL Kokosraspeln

3 EL frische Beeren

1 EL Reispops

Zubereitung

Für den Boden alle Zutaten mit dem Mixer zu einer Masse verarbeiten. Am besten gelingt es, wenn du die Datteln vorher eine halbe Stunde in Wasser einweichst und das Kokosöl schmilzt. Im nächsten Schritt den Teig auf den Boden einer Auflaufform oder einer Lunchbox drücken.

Für die Herstellung der Creme verarbeite ich gefrorene Beeren.

Mixe die Beeren, die Cashews und die Datteln mit einem Pürierstab zu einer Masse. Fülle die Creme anschließend auf den Nussboden.

Wenn die Beeren noch gefroren sind, kannst du den Kuchen gleich servieren. Ansonsten stell ihn einfach für 2 Stunden in die Kühlbox, damit das Kokosöl in der Masse wieder fest werden kann. Den Kuchen mit ein paar Kokosraspeln, frischen Beeren und Reispops verzieren.

Tipp: Wenn du Frische oder aufgetaute Himbeeren verwendest, gib während des Mixvorgangs 3 EL geschmolzenes Kokosöl dazu, damit die Creme im Anschluss fest wird.

DANKE

Ein riesen Dankeschön geht raus an alle Reisebegleitungen, kreativen Begegnungen und an die liebe Luna, welche mir bei der Gestaltung und Umsetzung des Coverbilds auf dem Teide in Teneriffa all ihre künstlerische Energie geschenkt hat. Danke, dass du mich auf meiner Reise begleitest und dieses Buch mit auf dein Abenteuer kommen darf. Ich freue mich, wenn du meine Rezepte nachkochst und neue Kreationen daraus entstehen.

Teile gerne deine Bilder unter **#veganimvan** und tagge mich auf deinen veganen Köstlichkeiten.

Gestalte ein gesundes und natürliches Vanlife

10 Monate

14.000 Kilometer

Ammersee
La Rochelle
Zermatt
Gijon
Biarritz
Santiago de
Compostella
Porto
Albufeira
Lissabon
Huelva
La Palma
Teneriffa
La Gomera
Fuerteventura